子どもが喜ぶ手づくり魚料理

はじめに

　日本人は世界一魚を好む魚食民族として知られています。日本は四方を海に囲まれ、暖流と寒流の交わる漁場に恵まれていますので、太古から海の幸を利用し、独自の魚食文化を築いてきました。しかも、魚は大切なタンパク源、カルシウム源として日本人の健康づくりに大いに役立ってきたのです。

　近年、食べ物がもっている薬としての働き、生理機能についての研究が盛んに行なわれています。魚にもさまざまな生理機能があることが解明され、子どもからお年寄りまで年齢を問わず、私たちの健康づくりには不可欠な食品であることがあらためて認識されました。とくに次代を背負う成長期の子どもたちには、丈夫な体を作るために、また頭の働きを良くするために比類ない食材です。

最近の調査によると、子どもたちの食生活は乱れ、そのため栄養素のアンバランスが起こり、結果的に精神面・身体面にさまざまな変調をきたしていることは明らかです。毎日の食事が健やかな成長に必要な栄養素を補ってくれます。食事がいい加減になると体調を崩し、病気の原因にもなります。心身ともに健康であるためには、栄養的にバランスのとれた食事が大切であることはいうまでもありません。

　本書は身近な魚介類を使い、子どもが喜んで食べるメニューと、材料の選び方やちょっと工夫を凝らした作り方を紹介。また魚の栄養的な特徴などもやさしく解説してあります。日頃の食事づくりのご参考に利用していただければ幸いです。

女子栄養大学助教授　三浦理代

c・o・n・t

はじめに　2
- 魚をおいしく食べさせるコツ　6
- キレない子どもを育てるために欠かせない魚　7
- 頭の働きを良くするDHA　8
- 肉と魚、それぞれの栄養的特徴　9
- 魚の旬はいつ？　10
- 魚調理の基本テクニック　12
- 頭や骨も捨てずに使う　16
- 本書の見方　17

レシピ編

あじ	あじのチーズ焼き・ピザ風　<こらむ／あじのおろし方>　18
あなご	あなごの柳川煮　<こらむ／あなごの煮くずれに注意しましょう>　20
いわし	いわしのつみれ鍋　22 揚げいわしのマリネ　<こらむ／いわしの手開きのコツ>　24 いわしのさつま揚げ　25
うなぎ	うなぎ寿司　26
かじき	かじきのムニエル・トマトソース　27
きす	きす青のり揚げ　<こらむ／きすの開き方と揚げ方>　28
かます	かますのまぜごはん　<こらむ／かますの焼き過ぎに注意しましょう>　30
かれい	かれいのやまかけ蒸し　<こらむ／やまいもをおろすときの工夫>　32
かつお	かつおのチーズフライ　<こらむ／カラッと揚げるコツ>　34
きんめだい	きんめだいの五目野菜蒸し　36
さけ	さけのムニエル・マヨネーズソース　<こらむ／さけのムニエルを美しく仕上げるコツ>　38
さば	さばの味噌ミルク煮　<こらむ／煮くずれに注意しましょう>　40
さわら	揚げさわらの梅しょうゆ漬け　<こらむ／揚げさわらの梅しょうゆ漬けをおいしくするコツ>　42
さんま	さんまの蒲焼き　<こらむ／さんまの蒲焼きを焦げさせないコツ>　44
ししゃも	ししゃもの焼き浸し　46 ししゃものおろし煮　47
しらす干し	しらす干しとしそのチャーハン　<こらむ／チャーハンをおいしく作るコツ>　48
すずき	すずきのムニエル・生クリームソース　<こらむ／すずきのムニエル・生クリームソースのひと口メモ>　50

e・n・t・s

- **たい** たいのナッツ刺身サラダ 52
  たいのソテー・レモンバターソース 53
- **たちうお** たちうおの塩焼き・ケチャップかけ <こらむ／たちうおの塩焼き・ケチャップかけをおいしく食べるコツ> 54
- **たら** たらのカレーピカタ <こらむ／焦げに注意したいたらのカレーピカタ> 56
- **にしん** にしんのしょうゆ焼き <こらむ／にしんのしょうゆ焼きの上手な焼き方> 58
- **はたはた** はたはたキノコ野菜煮 <こらむ／はたはたとキノコや野菜を上手に煮るポイント> 60
- **ひらめ** ひらめのブイヤベース <こらむ／ひらめのブイヤベースをおいしく煮るコツ> 62
- **ぶり** ぶりの鍋照り焼き 64
  ぶりと大根のカレー 65
- **まぐろ** まぐろのづけごはん 66
  まぐろの味噌つけ焼き 67
- **ほっけ** ほっけのカレー竜田揚げ <こらむ／ほっけのカレー竜田揚げの上手な揚げ方> 68
- **わかさぎ** わかさぎのフライ <こらむ／わかさぎのフライは衣を薄くつけましょう> 70
- **メルルーサ** メルルーサの野菜スープ煮 <こらむ／メルルーサの上手な切り方> 72
- **あさり** あさりのトマトソースパスタ <こらむ／あさり料理の基本> 74
- **かき** かきフライ <こらむ／おいしいかきフライ作りのポイント> 76
- **しじみ** しじみの清まし汁 <こらむ／しじみの煮過ぎに注意しましょう> 78
- **はまぐり** はまぐりのクラムチャウダー <こらむ／はまぐりのゆで方のコツ> 80
- **ほたて** ほたてとブロッコリーのマヨネーズ炒め <こらむ／ブロッコリーのゆで過ぎに注意しましょう> 82
- **さざえ** さざえのしょうゆ焼き 84
- **くらげ** くらげのマヨネーズ和え 85
- **えび** えびチャーハン <こらむ／おいしいえびチャーハン作りのコツ> 86
- **いか** いかとアスパラの炒め物 <こらむ／いかのさばき方> 88
- **かに** かに玉 <こらむ／かに玉の上手な焼き方> 90
- **たこ** たこの竜田揚げ 92

魚の保存とフリージングのポイント 94

魚をおいしく食べさせるコツ

● 新鮮な素材を使うことが大切
鮮度の良いものは生臭さが少ないので、できるだけ新鮮なものを選ぶようにしましょう。

● 魚の臭いを押さえる
・香辛料や香味野菜と一緒に使う
　ネギやショウガ、青ジソ、ワサビ、サンショウなどを刻んで混ぜたり添えて一緒に食べると、魚臭さを消してくれます。
・酒、ワイン、みそ、しょうゆを下味や調味に使う
・酢やレモン汁などの酸味を下味や調味に使う
　香りや酸味のある調味料は、魚の臭いを和らげてくれます。

● 香ばしい焦げの風味をつける
しょうゆ、砂糖を使った照り焼きやかば焼きなどは、子どもたちに好まれます。積極的に作ってあげましょう。

● 油やバターの風味をつける
油で揚げたフライ、から揚げ、バターで焼いたムニエルなどの風味は、食欲をそそってくれます。

● 香ばしい素材を一緒に使う
ゴマ、クルミ、アーモンド、ピーナツなどを刻んで混ぜたり、まぶして調理すると食べやすくなります。

キレない子どもを育てるために欠かせない魚

　魚、とくにわかさぎ、ししゃも、いわしなど小魚類にはカルシウムが豊富に含まれています。カルシウムは骨や歯を作ることばかりでなく、筋肉や神経などの軟組織において調節作用をしてくれます。血液中のカルシウムは常に一定の濃度に保たれ（10mg/dl）、筋肉や神経の働きを正常にしています。

　カルシウムが不足すると、筋肉や神経に異常が起こり、筋肉のけいれんによる手足のしびれや神経のイライラが起こってきます。キレやすい子どもの食生活を調べると、カルシウムの不足が目立ち、つまらないことでイライラし、喧嘩をしやすくなるようです。子どもの心身の健康づくりに小魚類を大いに利用しましょう。また、魚にはカルシウムの吸収を促進させるビタミンDも豊富に含まれていますので一挙両得です。

● **カルシウムの多いおもな魚介類**

いわし　　ししゃも　　しらす干し　　わかさぎ

かき　　しじみ　　はまぐり　　ほたて

頭の働きを良くする DHA

　「魚の油が健康に良い」といわれるようになった理由は、魚油を構成している脂肪酸のDHA（ドコサヘキサエン酸）にあります。DHAは脳や網膜のリン脂質に多く含まれ、脳細胞内では情報の伝達をしているシナプスという所に多く存在しています。頭の働きを良くするには、いかに脳の情報網を発達させるかが重要です。またDHAは視力や脳の発達に直接関与していることがわかっています。それは、脳のDHAの割合が、成長するにつれ脳の発達とともに増加することがわかっているからです。アメリカのデータでは、注意散漫児の血液中のDHA濃度が正常児に比べ低いことがわかっています。さらに、ラットにDHAを投与し、学習テストを実施すると、DHAを投与したラットの成績が上がることもわかりました。人間でも、老人性痴呆症の患者にはDHAが少ないことがわかっています。子どもの脳の発達や記憶力の向上のためにもDHAを多く含む魚を大いに利用しましょう。

●DHAの多いおもな魚介類
あじ　あなご　いわし　さば
さんま　ぶり　まぐろ

肉と魚、それぞれの栄養的特徴

まず、タンパク質については量、質とも両者はよく似ています。牛、豚、鶏肉など獣鳥肉類と魚肉はともにタンパク質含量が高く、およそ16〜20％含まれます。必須アミノ酸を多く、しかもバランス良く含む良質なタンパク質です。

次に脂肪ですが、部位によって大きく異なります。獣鳥肉類の場合、脂身つきの部位は当然脂肪含量が高く、20〜30％。一方、魚肉は少し低く、赤身でおよそ15％、白身で1％前後とヘルシーです。さらに注目すべき点は、脂肪の質がまったく異なることです。つまり、獣鳥肉類の脂肪には飽和脂肪酸が多く、魚の脂肪には不飽和脂肪酸が多いのです。飽和脂肪酸にはコレステロール上昇作用があります。また、魚の油を構成する脂肪酸にはDHAやIPA（イコサペンタエン酸、EPA〈エイコサペンタエン酸〉ともいう）が豊富に含まれます。

ビタミン類をみると、魚には獣鳥肉類にないビタミンDが、ミネラル類ではカルシウムが多く含まれます。このように魚には子どもの成長に必要不可欠な栄養素が凝縮されているのです。

※脂肪酸は脂質を構成する成分で、飽和脂肪酸と不飽和脂肪酸があります。このふたつは生理作用が異なります。飽和脂肪酸は二重結合を含まないもので、パルミチン酸やステアリン酸があります。不飽和脂肪酸は二重結合を含むもので、リノール酸やリノレン酸、IPA、DHAなどがあります。

魚の旬はいつ？

魚は同じ魚でも時期により味が違います。年間で最もおいしくなる時期があります。それは魚の出盛りの時期で、これを「旬」といいます。一般には産卵期前で、魚が餌を充分とり、魚体

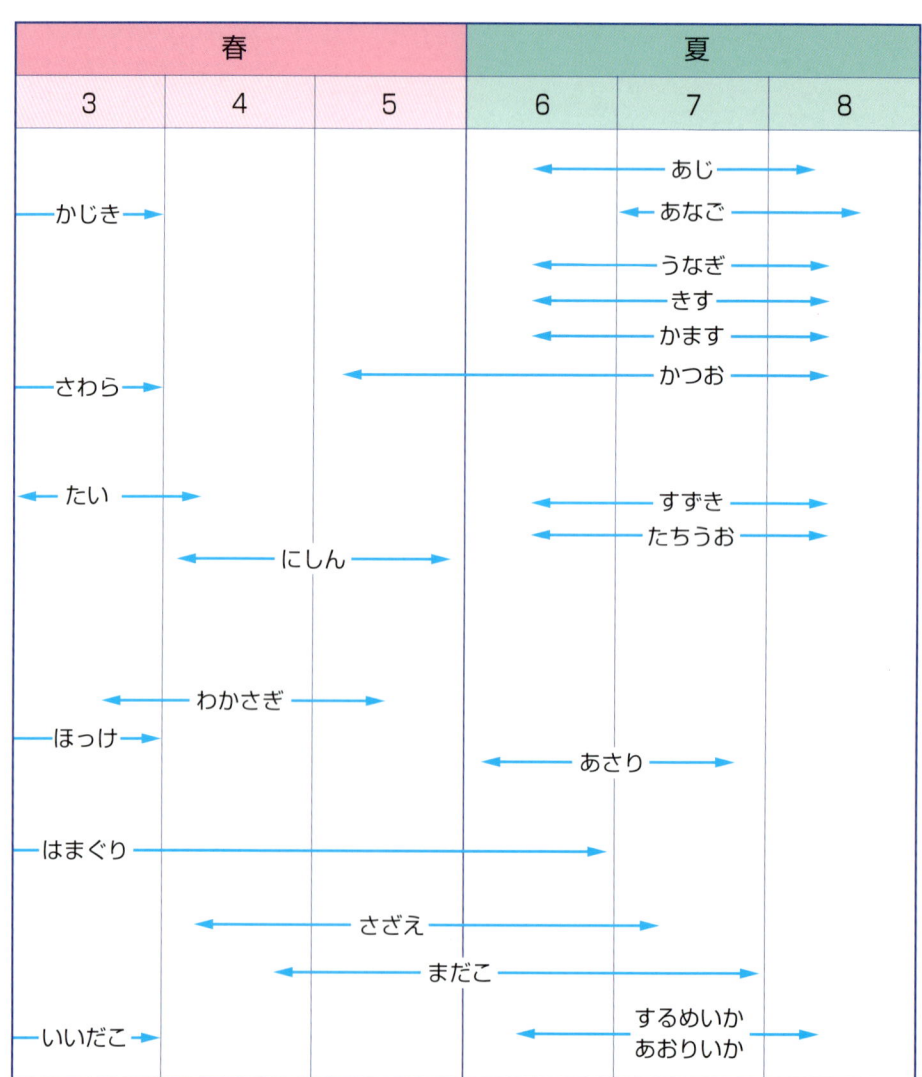

※メルルーサとくらげには旬がありません。

に脂質とともにグリコーゲン、アミノ酸、エキス成分など旨味成分が多く貯蔵された時期です。この頃は脂がのって味が一段と良くなるばかりか、漁獲高も多くなります。近年、世界各地から冷凍魚が輸入され、魚の旬がはっきりしなくなりましたが、よりおいしい魚を選ぶために、それぞれの旬を知っていたいものです。

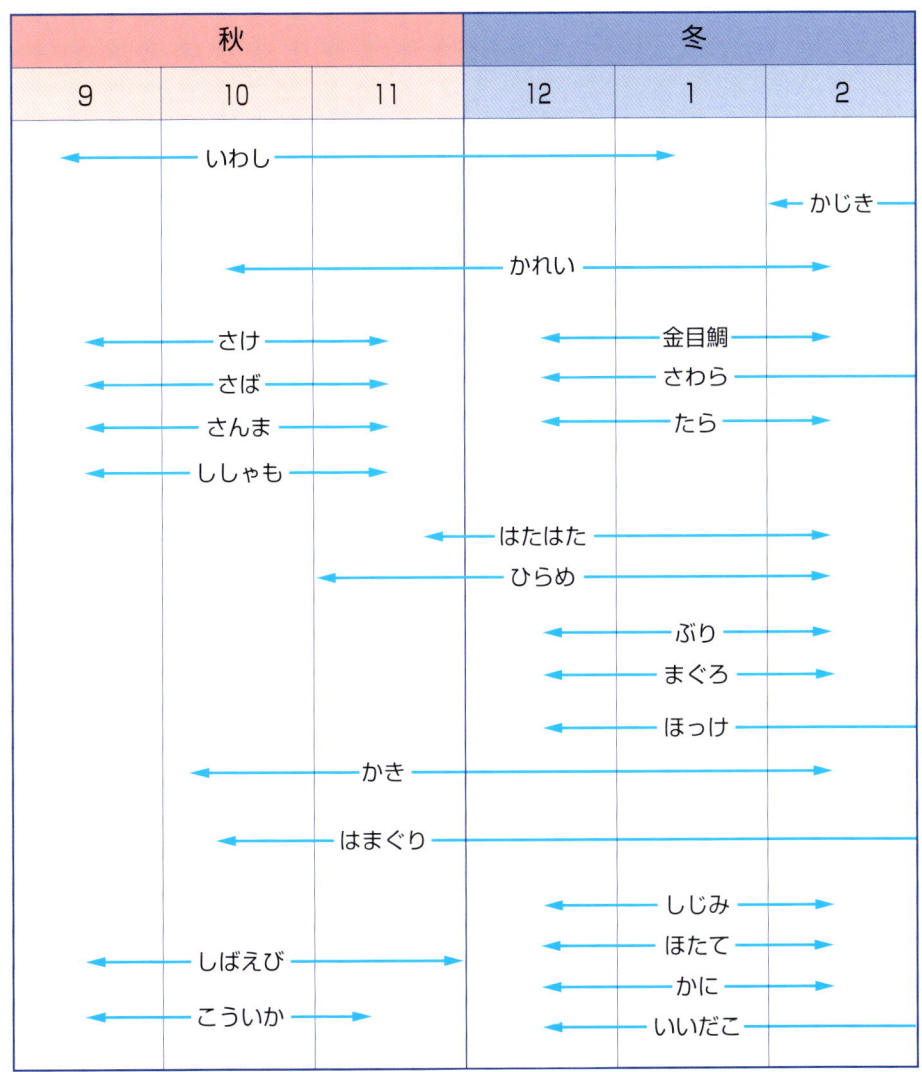

魚調理の基本テクニック

魚の下ごしらえ
ウロコの取り方

大きなビニール袋などの中で作業をすると、ウロコが飛び散りません。包丁の背をウロコの向きに逆らって、尾から頭に向けて、こするように落とします。

魚を姿のまま使うとき
わたの取り方

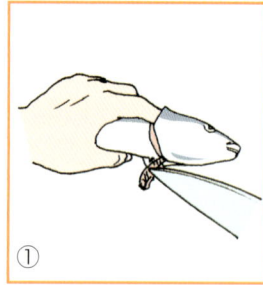

①えらぶたを開いて、えらの周囲に包丁を入れ、付け根を外す。えらに包丁の先をかけ、外に押しだし、刃先で押さえて取り除く。（あごを切らないように注意！）

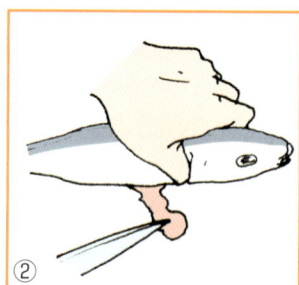

②頭を右にしたとき裏側になるほうの胸びれの下から、3cm程の切れ目を入れ、魚を立てるようにして、包丁でわたをかきだす。

つぼ抜き（魚に切れ目を入れずにえらとわたを取る方法）

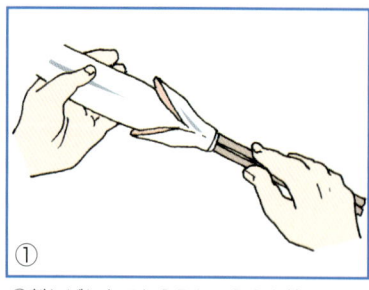

①割りばしを口から入れ、えらを挟んで強く押さえ、2、3回ねじり回す。

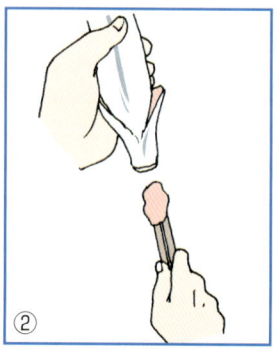

②そのまま箸をゆっくりと引き出し、口からえらとわたを引っ張り出す。

3枚おろし

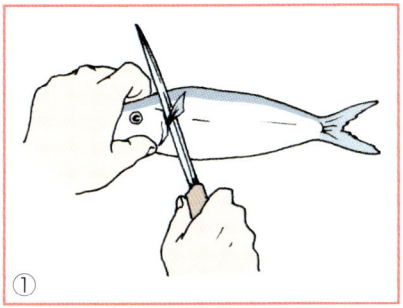

①包丁を真っすぐに立て、胸びれと一緒に頭を落とす。

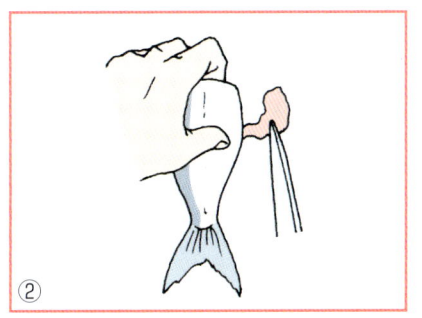

②包丁の先で腹側に切れ目を入れ、わたをかきだし、よく洗う。

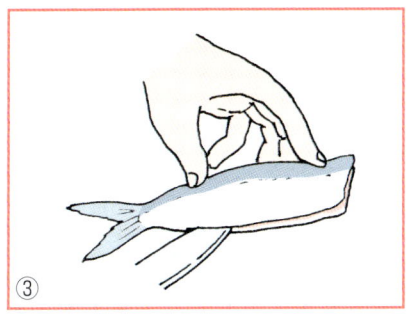

③水気をふき取り、わたを出したところから包丁を入れ、中骨の上に刃先を当て、尾のほうにひく。

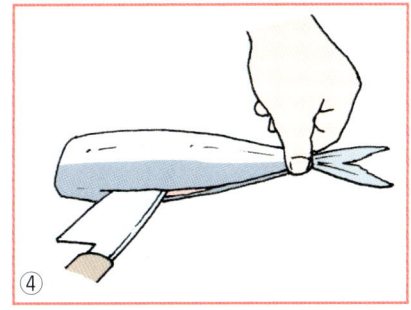

④魚を置きかえ、尾から背びれに沿って包丁を入れる。片方の手で尾の付け根を持ち上げ、中骨の上に沿って包丁をひく。

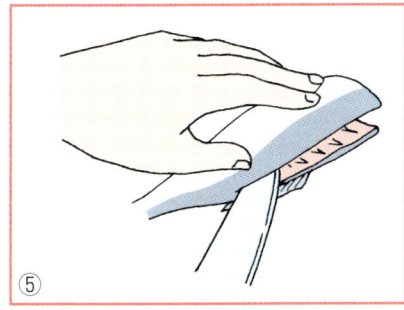

⑤中骨のついた身を、骨を下にして置き、背側から包丁を入れ、先程と同様に身を切り離す。

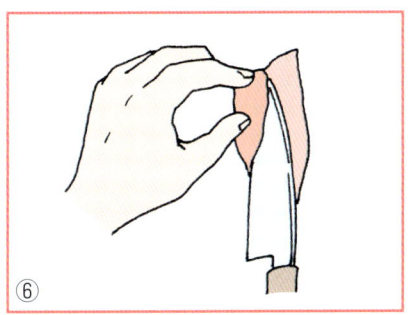

⑥腹骨をそぎ切りする。

5枚おろし
（ひらめやかれいなど、身幅の広い魚をおろす方法）

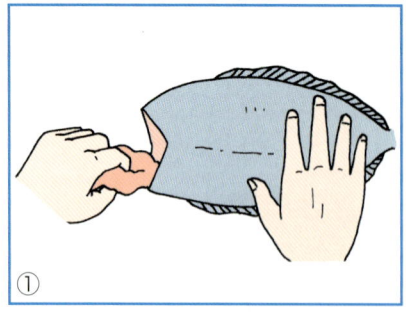

①頭を落として、手でわたを取り除き、きれいに水洗いする。

②尾を手前において、縦中央に中骨まで届く切れ目を入れる。

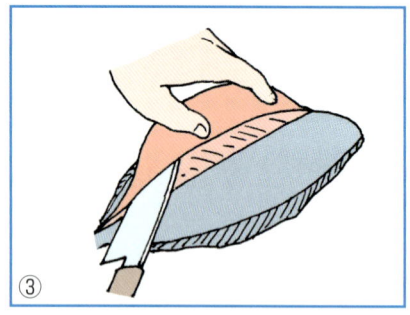

③切れ目から中骨に沿って包丁を入れ、幾度かなでるように包丁を動かし、腹身をそぎ取る。

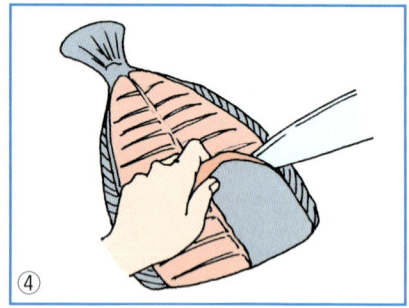

④尾の向きを変え、尾のほうから包丁を入れて、背身を同じようにそぎ取る。

⑤裏側も同じようにおろし、表側の腹身、背身、裏側の腹身、背身、中骨の5枚にする。

大名おろし
（きすやさよりなど細長い魚や小さい魚などに使うおろし方）

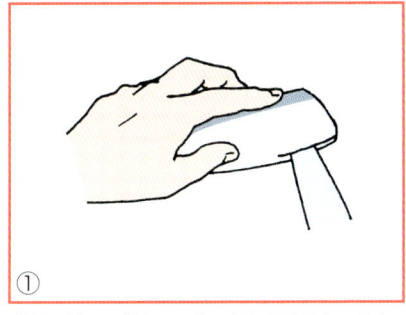

①頭を斜めに落とし、腹に切れ目を入れ、わたを取りだす。

②よく水洗いし、水気をふき取っておく。

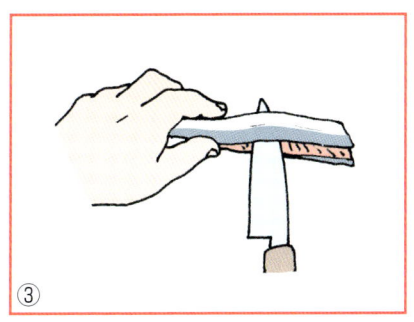

③背を手前に置き、頭の方から中骨の上に包丁を入れ、尾まで引いて身をそぎ取る。

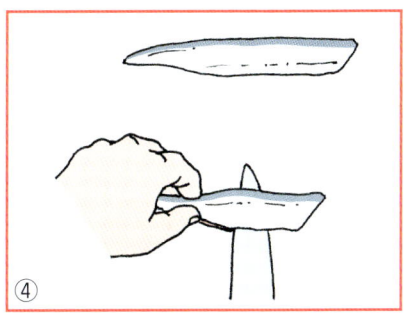

④中骨を下に、腹側から包丁を入れ、先程と同様に身をそぎ取る。

皮のひき方

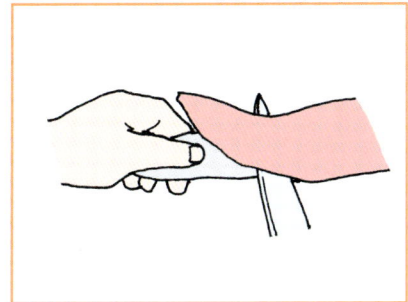

外引き おろした身を、皮を下にして置き、尾のほうから外に向けて、皮をひっぱりながら包丁を動かす。

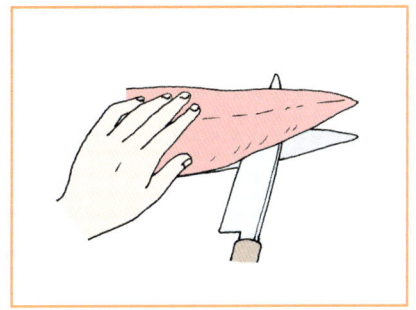

内引き 外引きと同様に尾から包丁を入れ、身を軽く押さえながら内側に包丁を動かす。

頭や骨も捨てずに使う

●魚のだしの取り方――――――

和風・頭や骨はさっと熱湯に通して（霜降り）水に取り、ウロコ、血合いなどを洗い落とす。
・コンブと一緒に水に入れて火にかけ、煮立つ直前にコンブを取り出し、煮立ったら火を弱め、アクを取りながら煮出す。

洋風・頭や骨は洗って水にさらす。
・タマネギやセロリなどの香味野菜少々を薄切りにし、骨と一緒に油で炒め、水、白ワイン、粒コショウ、ロリエを加える。
・煮立ったら火を弱め、アクを取りながら煮出す。

子どもが喜ぶ手づくり魚料理
レシピ編

本書の見方
- 本書は、4～6歳の子どもを対象にしています。
- 材料の分量は、大人2人、子ども2人の4人分です。大さじ1は15cc、小さじ1は5cc、1カップは200ccで計っています。また、カロリーは子ども1人分で計算しています。
- 調理時間には、漬け込む時間を含みません。

こ・ら・む

あじのおろし方

　あじをおろす時は、ぜいごをそぎ取るのを忘れないようにしてください。皮をむく料理の時は、取る必要はありません。3枚おろしの方法は、13ページをご覧ください。子どもたちが食べやすいよう、小骨をしっかり取ることをお勧めします。

あじのチーズ焼き・ピザ風

- 調理時間 20分
- 子ども1人分 146kcal
- 栄養バランス
- 最も効率良く摂取できる栄養素 IPA DHA
- 比較的効率良く摂取できる栄養素 ビタミンA, C, D カルシウム

■材料（4人分）
あじ　4尾（200g）
塩　少々
こしょう　少々
トマト　1個（100g）
コーン　50g
ピーマン　2個（50g）
とろけるチーズ　75g
オリーブ油　小さじ1
パン粉　大さじ7

■作り方
① あじは3枚におろし、塩、こしょうする。
② トマトは小さいサイコロに切る。ピーマンは輪切りにする。
③ 耐熱皿に油をぬり、パン粉、あじ、パン粉、野菜、チーズの順に重ね盛る。
④ 200℃のオーブンで焼く。

あじ　脳の発達に大きな役割を果たすDHAが豊富で、さらにIPAも多く含まれる

　あじは青魚の代表であり、古くからの大衆魚。脂肪を構成している脂肪酸が特徴で、健康に役立つIPA（イコサペンタエン酸）やDHA（ドコサヘキサエン酸）が豊富に含まれます。両者には血栓予防、コレステロール低下作用、血圧低下作用などがあります。加えて、DHAには脳細胞を活性化する作用もあります。幼児期は脳が成長する大切な時期。20歳を過ぎると、脳の成長は止まり、細胞数は減少しますので、とくに幼児期のDHA摂取は脳の発達に大きな影響を与えます。幼児期に、DHAを積極的に摂ると、脳が発達し、聡明な子どもになります。逆に不足すると、脳の機能が発達しない危険性すらあるのです。

　あじの中でも小あじは骨ごと食べられますので、骨の形成に欠かせないカルシウムの供給源としても、大いに期待できます。

こ・ら・む

あなごの煮くずれに注意しましょう

　あなごはだしと調味料が沸騰したところに入れること。煮くずれしやすいので、箸で乱暴にかき混ぜないでください。卵を使った料理のポイントは一般的に火を通し過ぎないことです。固くなってぼそぼそすると、おいしくありません。卵を入れたらぐらぐら沸騰させず、弱火にしてフタをし、蒸し焼きにすると卵も半熟でふわっと仕上がります。

あなごの柳川煮

- 調理時間 / 15分
- 子ども1人分 / 124kcal
- 栄養バランス
- 最も効率良く摂取できる栄養素 / ビタミンA, D
- 比較的効率良く摂取できる栄養素 / ビタミンB_2

■材料（4人分）

- あなご　150g
- 玉ねぎ　1/2個（100g）
- 卵　2個
- グリンピース（缶）　50g
- A　しょうゆ　大さじ1 2/3
- 　　みりん　大さじ1 2/3

■作り方

① あなごは一口大に切る。玉ねぎは薄切りにする。
② 鍋にだし1カップ強を入れ、玉ねぎとAを加えて煮る。
③ 沸騰してきたら、あなごを加える。
④ 充分あなごに火が通ったら、割りほぐした卵とグリンピースを入れ、弱火にしてフタをする。
⑤ 卵が半熟状になれば出来上がり。

あなご　病気に負けない体力をつけ、風邪や感染症から体を守ってくれるビタミンA

　うなぎと並んで蒲焼きとしてよく親しまれています。タレをつけると一段とおいしくなります。とくに7〜8月が旬。栄養的特徴はタンパク質、脂肪、ビタミンAが豊富に含まれていることです。タンパク質は必須アミノ酸がバランス良く含まれ、良質です。血や肉を作り、風邪や感染症から体を守ってくれる、成長期に欠かせない栄養素。脂肪も豊富に含まれ構成脂肪酸は良質で、コレステロール低下作用があるIPA、さらに脳の活性作用をもつDHAが豊富に含まれています。ビタミンAには免疫力を高める作用や抗ガン作用が認められ、タンパク質とビタミンAの両方の働きで風邪や感染症の予防効果が大いに期待できます。寿司だね、天ぷら、照り焼き、煮物、鍋物などにお勧めです。

いわし

ビタミンB群、カルシウム、IPA、DHAなど栄養素がいっぱい、子どもに欠かせない食材

　いわしの仲間にはまいわし、うるめいわし、かたくちいわしなどがあり、秋から冬にかけてが旬です。
　いわしには、体を作り、強くしてくれる良質なタンパク質や脂肪、カルシウム、ビタミンD、ビタミンB_2、ビタミンB_6、ビタミンB_{12}などが豊富に含まれます。良質な構成脂肪酸には、生活習慣病を予防するIPAや、脳を発達させ、記憶力や思考力を高めてくれるDHAが豊富。カルシウムは骨や歯を作り、ビタミンDはカルシウムの吸収を促進させますので、カルシウムの供給源としても貴重な食品です。また、カルシウムにはイライラを防止し、精神を安定させる作用もあ

いわしのつみれ鍋

- 調理時間 25分
- 子ども1人分 151kcal
- 栄養バランス
- 最も効率良く摂取できる栄養素 カルシウム ビタミンB_2,D 鉄
- 比較的効率良く摂取できる栄養素 ビタミンC

■材料（4人分）
いわし　4尾（200g）
ねぎ　1/4本（25g）
生姜　1片
味噌　小さじ2 1/2
ごぼう　1/2本（50g）
にんじん　1/4本（50g）
えのきだけ　1/2袋（50g）
大根　1/10本（100g）
じゃがいも　1 1/2個（150g）
チンゲン菜　1株（100g）
A　しょうゆ　大さじ5
　　みりん　大さじ1 1/2

■作り方
①いわしは頭と内臓をとり、手開きにして骨をとる。皮を除き包丁で叩く。
②みじん切りにしたねぎ、生姜汁、味噌と①を混ぜ合わせ、団子に丸めておく。
③ごぼう、にんじんはささがきにする。えのきだけは石づきをとって1/2に切る。大根、じゃがいもは短冊に切り、チンゲン菜は細切りにする。
④だし5カップにAとチンゲン菜以外の野菜を加え、沸騰したら②を入れる。
⑤いわしのつみれに充分火が通ったら、チンゲン菜を加え、ひと煮すれば出来上がり。

ります。ビタミンB_6、B_{12}は、ともに免疫機能を増進する働きを持っています。いわしは、子どもを賢く、丈夫で、しかもすぐにキレない落ち着いた子に育てるために、最も適した魚なのです。

揚げいわしのマリネ

| 調理時間 | 20分（漬け時間15～20分を含まない） |
| 子ども1人分 | 165kcal |

栄養バランス
| 最も効率良く摂取できる栄養素 | ビタミンD |
| 比較的効率良く摂取できる栄養素 | ビタミンC, E |

こ・ら・む
いわしの手開きのコツ

　いわしは、まずウロコを取り、頭を切り落とし、腹を切ってわたを取り出します。洗って水気を切ったら、頭の方を手前に腹を上にして手のひらにのせ、親指を中骨の片側に沿って、尾まで滑らせ身を開きます（イラスト①）。中骨を尾のつけ根で折り、手前に引いて身からはがします（イラスト②）。

　揚げいわしのマリネのマリネ液はあらかじめ作っておき、揚げたてを漬け込んでください。味がなじみやすくなります。

■材料（4人分）
- いわし　4尾（200g）
- 小麦粉　適宜
- 揚げ油　適宜
- 玉ねぎ　1/8個（25g）
- トマト　大1個（150g）
- キウイフルーツ　1個（75g）
- 干しぶどう　25g
- A　酢　大さじ3 1/3
- 　　油　小さじ2 1/2
- 　　砂糖　小さじ1 2/3
- 　　塩　少々
- 　　こしょう　少々

■作り方
① いわしは頭と内臓をとり、手開きにして骨をとり、一口大に切る。
② ①に小麦粉をつけて油で揚げる。
③ 玉ねぎはみじん切りにして水にさらし、トマトは小さく切る。キウイフルーツはいちょう切りする。
④ Aと水1/3カップ、③と干しぶどうを合わせたものに、②を漬け込む。

いわしのさつま揚げ

| 調理時間 | 20分 |
| 子ども1人分 | 149kcal |

栄養バランス
| 最も効率良く摂取できる栄養素 | ビタミンD |
| 比較的効率良く摂取できる栄養素 | ビタミンA, B_2, E |

■ 材料（4人分）
いわし　4尾（200g）
ごぼう　1/4本（25g）
ねぎ　1/4本（25g）
にんじん　1/8本（25g）
味噌　大さじ1 2/3
生姜　1片
片栗粉　大さじ1 2/3
コーン（缶）　25g
揚げ油　適宜
リーフレタス　4枚

■ 作り方
① ごぼう、ねぎ、にんじんはみじん切りにしておく。
② いわしは頭と内臓をとり、手開きにして骨をとる。さらに皮をとり、包丁で叩く。
③ ②に①と味噌、生姜汁、片栗粉を加え、混ぜ合わせる。
④ 小さめの小判形にして中央にコーンをつめて、油で揚げる。
⑤ 器にリーフレタスをひき、④を盛りつける。

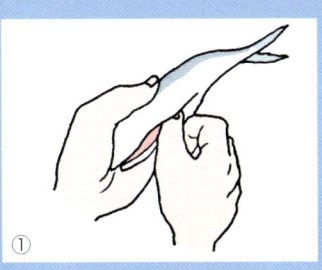
①

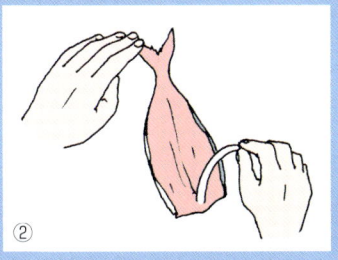
②

うなぎ寿司

- 調理時間 10分
- 子ども1人分 285kcal
- 栄養バランス
- 最も効率良く摂取できる栄養素 ビタミンA
- 比較的効率良く摂取できる栄養素 ビタミンB₁, B₂, D

■ 材料（4人分）
ごはん　550g
うなぎ蒲焼き　150g
きゅうり　1本（100g）
たくあん　25g
焼きのり　少々
蒲焼きのたれ　2袋（20ml）

■ 作り方
①きゅうりとたくあんは千切りにしておく。
②うなぎ蒲焼きは一口大に切っておく。
③ごはんに①、②、たれを混ぜ合わせる。
④器に盛って、細切りにした焼きのりを添える。

うなぎ
ビタミン類や良質なタンパク質、脂肪が豊富。ビタミンAは疲れやすい現代っ子の目を守ってくれる

　うだるような暑い土用の丑の日、うなぎを食べる習慣は昔からあります。バテ気味の体に、タンパク質、脂肪、ビタミン、ミネラルを補ったのです。うなぎに含まれるタンパク質と脂肪は、ともに良質。ビタミンではB₁、B₂、A、D、Eなどが豊富に含まれます。とくに肝にはビタミンAが多く、皮膚や粘膜を健康に保ち、夏バテ防止、体力回復、風邪の予防などに役立ちます。また、ビタミンAは視覚機能を正常にする働きもあり、テレビゲームなどで、とかく目が疲労しがちな現代の子どもたちには、とくにお勧めの食材です。

かじきの ムニエル・トマトソース

|調理時間|15分|
|子ども1人分|142kcal|

栄養バランス
最も効率良く摂取できる栄養素　ビタミンD

■ 材料（4人分）
かじき　200g
塩　少々
こしょう　少々
小麦粉　適宜
バター　小さじ2 1/2
じゃがいも　1 1/2個（150g）
コーン（缶）　25g
バター　小さじ2 1/2
牛乳　1/3カップ
塩　少々
ソース　ケチャップ　大さじ1 2/3
　　　　中濃ソース　大さじ1 2/3

■ 作り方
① かじきは塩、こしょうし、小麦粉をつけてバターで両面をソテーする。
② じゃがいもは皮をむき、小さく切ってゆでる。
③ じゃがいもがやわらかくなったら、湯を捨てて、熱いうちにつぶし、バターと牛乳を加える。コーンを加え、塩で調味する。
④ お皿に①、③を盛りつけ、ソースをかける。

かじき　良質なタンパク質が免疫力を高め、ストレスに強い心と体を作ってくれる

　かじき類はかじき科に属し、まぐろ類とは異なります。しかし、肉質や用途がまぐろに似ているので別名として、かじきまぐろと呼ばれています。かじきにはくろかじき、まかじき、めかじきなどがあり、赤身魚に分類されますが、種類により赤色からピンク色まであります。まかじき、めかじきは冬が旬。良質タンパク質が豊富に含まれ、脂質が少ないのが特徴で、ヘルシーな魚です。現代社会では、子どもといえども、さまざまなストレスを抱えています。かじきの良質タンパク質は、血や肉になり、風邪に対する抵抗力をつけるばかりでなく、ストレスに負けない心身を作るためにも頼りになります。

めかじき

こ・ら・む

きすの開き方と揚げ方

　きすは中央に切れ目を入れ、はかまのように開きます。天ぷら衣の小麦粉の量は、卵と水を合わせた量と同量が適量です。卵に対して、水は3倍を目安にすると良いでしょう。衣がよく絡みやすいように、きすは水気をしっかりとっておきます。
　揚げる時は、油が汚れないように揚げ玉をこまめに取ってください。天ぷらが焦げやすく、きれいに揚がらなくなってしまいます。

きす青のり揚げ

調理時間 15分
子ども1人分 160kcal
栄養バランス
最も効率良く摂取できる栄養素 タンパク質
比較的効率良く摂取できる栄養素 ビタミンD

■材料（4人分）
きす 10枚（200g）
衣 小麦粉 適宜
　　卵 適宜
　　青のり 適宜
揚げ油 適宜
にんじん 15g
ピーマン 15g
A しょうゆ 大さじ1 2/3
　 みりん 大さじ1 2/3

■作り方
①きすは中央に切れ目を入れる。
②天ぷら衣に青のりを入れたもので、きすを揚げる。
③にんじんとピーマンは、形抜きをして、素揚げにする。
④だし3/4カップにAを入れ火にかけ、天つゆを作る。
⑤器に②と③を盛りつけ、④の天つゆを添える。

きす　良質なタンパク質は健康な体を作り、病気のリスクを下げてくれる

　内湾や沿岸に生息し、はぜとともに夏の釣り魚として親しまれます。形がきれいな白身魚で脂質が少なく、味は上品で癖がなく淡白です。良質タンパク質が多く含まれます。タンパク質は体を作るばかりでなく、病気の予防に役立ち、ストレスを緩和する作用もあります。
　また、きすにはビタミンDも多く含まれます。ビタミンDは、カルシウムの吸収を促進し、不足すると、子どもではクル病という骨の代謝異常を起こします。
　年中おいしく食べられますが、夏はとくにおいしくなります。刺身、椀だね、塩焼き、寿司だね、フライ、天ぷらなど広く利用されます。松葉おろしのきすを千代結びにした吸い物は、祝い膳として昔からお祝いの席には欠かせませんでした。

こ・ら・む

かますの焼き過ぎに注意しましょう

　かますはふっくらと焼き上げます。骨は取り除きますが、後でほぐしますので、皮は混ざっても大丈夫です。そのためにも、焼き過ぎないことが大切。
　大根の葉は、少し苦味がありますが、さっとゆでることで苦味はとれます。できあがりが水っぽくならないよう、充分水気を絞ってから、ご飯に混ぜてください。

かますのまぜごはん

| 調理時間 | 15分 |
| 子ども1人分 | 221kcal |

栄養バランス
最も効率良く摂取できる栄養素　ビタミンD

■材料（4人分）
かます　2尾（正味200g）
塩　小さじ4/5
大根の葉　25g
ごま　小さじ1 2/3
ごはん　550g

■作り方
①かますは塩をふって焼き、身をほぐしておく。
②大根の葉はさっとゆでて、小口に切っておく。
③ごはんに①、②、ごまを混ぜ合わせる。

かます
肉質は白身で子どもにも人気、ビタミンDはカルシウムの働きを高め丈夫な骨を作ってくれる

　かますにはいくつか種類があり、よく知られたものに「あかかます」、「あおかます」があります。あかかますの旬は冬、あおかますの旬は夏から秋にかけてです。
　肉質は白身でくせがなく、脂ののったものは美味で、塩焼きやフライなどに最適。また、背開きにしたものを、うす塩で半日くらい干した生干しは、生ものに比べ多少水分が少なくなり、保存性もわずかに良くなるばかりでなく、エキス分が濃縮され風味が向上し、よりおいしくなります。かますには病気に負けない体を作る良質タンパク質とビタミンDが豊富に含まれます。ビタミンDはカルシウムの吸収を助けてくれます。カルシウムは、骨の形成だけでなく、子どもの丈夫な歯を作り、イライラを防止し、結腸ガンの予防効果もあります。また、骨粗鬆症の予防にも役立ちます。

かますの干物

こ・ら・む

やまいもをおろすときの工夫

　かれいは5枚おろしにします。方法は、14ページをご覧ください。
　やまいもはおろしたりすると、手がかゆくなりますが、やまいもを扱う前に、手を酢水で洗っておくと、かなり防げます。

かれいのやまかけ蒸し

- 調理時間 20分
- 子ども1人分 124kcal
- 栄養バランス
- 最も効率良く摂取できる栄養素 タンパク質
- 比較的効率良く摂取できる栄養素 ビタミンB_1, B_2, D

■材料（4人分）
- かれい　2尾（正味250g）
- 塩　小さじ1/2
- 酒　大さじ1 2/3
- やまいも　250g
- にんじん　1/8本（25g）
- A　しょうゆ　小さじ3 1/3
　　みりん　小さじ3 1/3
- 片栗粉　小さじ2 1/2

■作り方
① かれいは頭と骨をとり、食べやすく切り分け、塩をふる。
② やまいもはすりおろしておく。
③ ①のかれいを器に盛り、酒をふりかけ②をかける。
④ 蒸気のあがった蒸し器に③を入れ蒸し上げる。
⑤ 鍋に2カップのだしを入れ、Aを加え火にかける。花形に切ったにんじんを加え、沸騰したら水溶き片栗粉でとろみをつける。
⑥ 蒸し上がった④に⑤をかける。

かれい　タンパク質やビタミン類が豊富、ビタミンB_2は過酸化脂質の生成を抑え強い体を作ってくれる

　体は平たく、眼が片側に寄っています。「左ひらめ、右かれい」といい、眼がある側の背を上にした時、眼が左にあるのがひらめ、右にあるのがかれいです。かれいの種類は多く、まがれい、まこがれい、いしがれいなどがよく知られています。旬は秋から冬が多く、産卵期の子持ちがれいは美味です。白身魚で味は淡白。一般にタンパク質は多いのですが、脂質は少なめです。タンパク質は良質で、そのほかに、ビタミンD、ビタミンB_1、ビタミンB_2などが多く含まれます。ビタミンB_1は糖質の代謝を助け、エネルギー生成に役立ちます。また、ビタミンB_2は過酸化脂質の生成を抑え、動脈硬化などを予防します。不足すると、口内炎や皮膚炎があらわれます。

　かれいは大衆魚として惣菜には欠かせない魚であり、煮つけ、焼き物、揚げ物などに広く利用されます。

まこがれい

こ・ら・む

カラッと揚げるコツ

　玉ねぎは充分水気を取ってください。かつおに混ぜた時、まとまりにくくなってしまいます。
　カラッと揚げるためには、油の温度を一定に保つことがポイント。一度にたくさん入れず、1回で揚げる量は、油の表面積の1/3程度がお勧めです。フライの衣を薄くしたい時は、小麦粉を薄くつけましょう。余分な粉は振り落とすことがポイントです。

かつおのチーズフライ

調理時間 20分
子ども1人分 164kcal
栄養バランス
最も効率良く摂取できる栄養素 ビタミンD
比較的効率良く摂取できる栄養素 ビタミンB$_6$

■ 材料 (4人分)
かつお　200g
玉ねぎ　1/4個 (50g)
パン粉　小さじ5
牛乳　小さじ1 1/2
塩　少々
こしょう　少々
チーズ　50g
小麦粉　少々
衣　小麦粉　適宜
　　卵　適宜
　　パン粉　適宜
揚げ油　適宜

■ 作り方
①かつおは細かく叩いておく。玉ねぎはみじん切りにする。パン粉に牛乳をかけ、しめらせておく。
②①を全部混ぜ合わせ、塩、こしょうする。
③チーズを小さなサイコロに切り、小麦粉をまぶしておく。
④③を②で包むようにして、丸く団子を作る。
⑤小麦粉、卵、パン粉の順に衣をつけ、揚げる。

かつお
良質なタンパク質やビタミン類がいっぱい、ビタミンDはカルシウムの吸収を助けてくれる

　春は黒潮にのって太平洋を北上、夏には北海道東南沖と、水温が低下するにつれ、暖かい南の海に移動する回遊魚です。春から夏にかけて出回るものは初がつおと呼ばれ、初夏の訪れを告げるものとして珍重されます。秋に南の海へ帰っていく頃のものは成長して大きくなり、脂ものって戻りがつおと呼ばれます。良質タンパク質、ビタミンD、ビタミンB$_6$が多く含まれます。タンパク質は血や肉を作り、ビタミンDはカルシウムの吸収を助けてくれます。ビタミンB$_6$はタンパク質の代謝を助け、免疫機能を正常にします。また、血合い肉には鉄やビタミン類が豊富です。
　刺身、たたき、照り焼き、角煮、あら煮などでおいしく食べられます。加工品にはかつお節、各種缶詰、佃煮などがあります。

きんめだい

タンパク質、ビタミンB_1、B_2が豊富、健やかな発育を促してくれる

　たいと姿はよく似ていますが、たいはたい科に属し、一方きんめだいはきんめだい科に属します。朱赤色の体と大きな目が特徴の海水魚で冬が旬。この時期は脂がのっておいしくなります。肉質はやわらかく淡白で、刺身や塩焼き、煮つけ、フライ、鍋物、漬物などに広く利用されます。

　タンパク質、ビタミンB_1、ビタミンB_2、ビタミンB_6などが豊富に含まれます。ビタミンB_1は糖質の代謝を促進し、疲労を回復させます。また、ビタミンB_2は脂肪を代謝する際に必要で、細胞の再生を促し、発育に欠かせないと同時に、過酸化脂質の生成も抑え、ガン、循環器疾患、糖尿病などの生活習慣病も予防してくれます。

きんめだいの五目野菜蒸し

| 調理時間 | 15分 |
| 子ども1人分 | 113kcal |

栄養バランス
| 最も効率良く摂取できる栄養素 | ビタミンB_2 |
| 比較的効率良く摂取できる栄養素 | ビタミンA, B_1 |

■ 材料（4人分）
きんめだい　200g
玉ねぎ　1/4個（50g）
にんじん　1/8本（25g）
キャベツ　1枚（50g）
コーン（缶）　50g
まいたけ　1/2パック
酒　大さじ1 2/3
塩　少々
こしょう　少々
A　マヨネーズ　大さじ1 2/3
　　しょうゆ　大さじ1 2/3
　　牛乳　大さじ1 2/3

■ 作り方
①きんめだいは骨をとり、食べやすい大きさに切り、塩、こしょうする。
②玉ねぎ、にんじん、キャベツは千切りにする。まいたけはほぐしておく。
③器に①を並べ、その上に②とコーンを合わせたものをのせて、酒をふりかける。
④蒸気のあがった蒸し器に③を入れて蒸す。
⑤④が蒸し上がったところにAをかける。

こ・ら・む

さけのムニエルを美しく仕上げるコツ

　衣は薄くつけること。バターがよく溶けてから、さけを入れてください。最初は強火で、盛り付ける方の面（皮面）から焼くときれいに仕上がります。おいしそうに焼き色が付いたら、弱火にしてふたをし、蒸し焼きにします。裏返して同様に焼き、両面を焼き上げます。最初からバターを焦がさないようにすることが、きれいに焼くコツです。

さけのムニエル・マヨネーズソース

| 調理時間 | 20分 |
| 子ども1人分 | 148kcal |

栄養バランス
| 最も効率良く摂取できる栄養素 | ビタミンA |
| 比較的効率良く摂取できる栄養素 | ビタミンC, D |

■ 材料（4人分）
さけ　200g
塩　少々
こしょう　少々
小麦粉　適宜
バター　小さじ2 1/2
ブロッコリー　1/2株（75g）
カリフラワー　1/2株（75g）
A　マヨネーズ　大さじ2 1/2
　　牛乳　大さじ1 2/3
　　塩　少々
　　こしょう　少々

■ 作り方
① さけは塩、こしょうし、小麦粉をつけ、バターで両面をソテーする。
② カリフラワー、ブロッコリーは小房に分け、ゆでる。
③ Aを合わせソースを作る。
④ 器に①と②を盛りつけ、ソースをかける。

さけ
タンパク質やビタミン類がすこぶる豊富、ビタミンAは皮膚や粘膜を丈夫にしてくれる

　さけの種類は非常に多く、代表的なものにさけ（しろざけ）、べにざけ、ぎんざけ、キングサーモンなどがあります。さけ類の特徴は母川回帰性と強い本能。つまり、川でふ化し海へくだり、生涯の大半を海で過ごし、成長後は産卵のためにまた生まれた川に戻ります。さけの筋肉は鮮やかなサーモンピンクで、カロチノイド系色素のアスタキサンチンによるもの。とくにべにざけのアスタキサンチン含量は高く、筋肉の色も一段と鮮やかです。旬は「秋味」（秋に川をのぼるさけ）というように秋。良質なタンパク質、脂質、ビタミンA、ビタミンDなどが豊富です。ビタミンAは皮膚や粘膜を丈夫にする働きがあり、不足すると、成長が止まり、骨や歯が発育不良になるほど、子どもにとって大切な栄養素です。
　さけはピンク色を生かして、塩焼き、ムニエル、フライ、酒蒸し、鍋物など広く利用されます。加工品には新巻鮭、缶詰、燻製、腎臓を塩からにしためふん、卵巣を塩漬けしたすじこ、熟卵を塩漬けしたいくらなどがあります。頭の軟骨は三杯酢にし、「氷頭なます」として親しまれます。

ぎんざけ

こ・ら・む

煮くずれに注意しましょう

　肉と違い、長時間煮込む必要がありませんので、簡単にできます。

　さばは片栗粉をまぶしてから加えることで、煮くずれを防ぎ、旨味を逃がしません。また、自然ととろみもついてきます。さばを入れる前に野菜は充分やわらかくしておきます。

さばの味噌ミルク煮

- 調理時間 / 20分
- 子ども1人分 / 215kcal
- 栄養バランス
- 最も効率良く摂取できる栄養素 / IPA　DHA
- 比較的効率良く摂取できる栄養素 / ビタミンB_2, D　鉄　銅

■ 材料（4人分）
さば　200g
片栗粉　適宜
じゃがいも　1 1/2個（150g）
にんじん　1/4本（50g）
グリーンアスパラガス　5本（75g）
玉ねぎ　1/2個（100g）
コンソメ　1個
牛乳　2 1/2カップ
味噌　大さじ1 2/3

■ 作り方
①さばは骨をとり、一口大に切る。
②じゃがいもはサイコロに、にんじんは星形に形抜きしておく。玉ねぎは薄切りにする。アスパラガスはゆでて小口に切っておく。
③鍋に水2 1/2カップ、コンソメを加え、火にかける。玉ねぎ、にんじん、じゃがいもを入れる。
④沸騰したら、片栗粉をまぶしたさばを加え、煮る。
⑤野菜がやわらかくなり、さばに充分火が通ったら、牛乳を入れ、味噌で調味する。アスパラガスを加え、ひと煮立ちさせ仕上げる。

さば

脳の発達に欠かせないDHAがいっぱい、IPAも豊富で子どもの発育に欠かせない大切な食材

　さばは日本各地の沿岸に分布する回遊魚の代表。いわしやさんまと並んで青背の魚です。まさばや腹部に小さな斑点のあるごまさばがよく食卓にのぼります。旬は秋で、この頃は脂がのって、とてもおいしくなります。特徴はその脂にあります。青魚の脂の中には、動物の肉や植物には含まれないIPA、DHAが豊富に含まれます。どちらも、血栓予防効果、コレステロール低下作用などがあります。DHAには、脳細胞の活性化作用があり、子どもの脳の発達に大いに役立つ成分です。

　生で食べることはあまりなく、塩でしめて、酢の物にしたり、しょうがやねぎと合わせ臭みをとった味噌煮、フライ、から揚げなどに利用されます。

こ・ら・む

揚げさわらの梅しょうゆ漬けをおいしくするコツ

　さわらは丁寧に骨を取ってください。子どもの魚嫌いは骨があることも原因の一つです。

　衣は薄くつけましょう。余分な粉を振り落とすことがカラッと揚げるためには大切です。

　つけしょうゆは揚げる前に合わせておくことがポイント。揚げたてを漬け込むことがおいしさの秘訣です。味が染み込みやすく、薄味でも満足します。

揚げさわらの梅しょうゆ漬け

| 調理時間 | 15分（漬け時間10分を含まない） |
| 子ども1人分 | 112kcal |

栄養バランス

| 最も効率良く摂取できる栄養素 | ビタミンD |

■材料（4人分）
さわら　200g
塩　少々
こしょう　少々
小麦粉　適宜
揚げ油　適宜
梅干し大　1個
しょうゆ　小さじ2 1/2
みりん　小さじ2 1/2
ラディッシュ　5個

■作り方
①さわらは骨をとり、一口大に切り、塩、こしょうする。
②小麦粉をつけ、揚げる。
③梅干しは種をとって叩き、しょうゆ、みりんを合わせておく。
④③に揚げたてのさわらを漬け込む。
⑤器に④を盛りつけ、ラディッシュを添える。

さわら　良質なタンパク質が免疫機能を高め、強い筋肉を作ってくれる

　さば科の海水魚。全長が1mにも達し、背は青色、腹面は銀白色の大型魚で、瀬戸内海沿岸で多く漁獲されます。さわらは表層を泳ぐさばやいわしを食べています。あっさりした上品な味を持つ白身の高級魚として評価され、旬は晩秋から春です。この時期は脂がのり、おいしくなります。良質なタンパク質を豊富に含み、筋肉や臓器の成分になるばかりでなく、免疫機能を高める働きもあります。また、骨の形成に欠くことのできないビタミンDも豊富です。
　切り身にされ、塩焼き、照り焼き、フライ、ムニエルなどに利用されます。さわらの西京漬けは塩をふった切り身を酒やみりんで練った西京味噌に漬けこんだもので、味噌の香りが一段とおいしさを増してくれます。

こ・ら・む

さんまの蒲焼きを焦げさせないコツ

　さんまは身がやわらかいので、薄く粉をつけてからソテーします。両面を焼いて、タレを入れたら、焦がさないように鍋を回しながら、煮詰めて照りをつけてください。タレにみりんとしょうゆが入っていますので、焦げやすくなっています。充分注意してください。

さんまの蒲焼き

- 調理時間 15分
- 子ども1人分 166kcal

栄養バランス
- 最も効率良く摂取できる栄養素 タンパク質
- 比較的効率良く摂取できる栄養素 ビタミンB_2, D, E

■材料（4人分）
- さんま 2尾（正味200g）
- 塩 少々
- 小麦粉 適宜
- 油 大さじ1 2/3
- A しょうゆ 大さじ1
  みりん 大さじ1
  酒 1/2カップ
- 青のり 少々

■作り方
① さんまは頭、内臓、骨をとって開き、切り分けて塩をふる。
② 小麦粉をまぶし、フライパンで両面をソテーする。
③ 合わせたAを回し入れ、水気が無くなるまで煮詰め、照りをつける。
④ 器に③を盛り、青のりをふる。

さんま
栄養素をバランス良く含み、体を丈夫にし脳の働きを活発にしてくれる

　総菜として親しまれる代表的な青魚。体長は細長く、秋刀魚と書かれ、また、「秋の味覚」といわれるように旬は秋。この頃のさんまは脂がのり20％近くにもなります。漁獲時期になると大量に水揚げされ、ほとんどは冷凍魚として保存され、一年中市場に出されています。良質なタンパク質、脂質、ビタミンA、D、B_2が豊富。脂質を構成する脂肪酸にはIPA、DHAが豊富に含まれます。どちらも、生活習慣病の予防効果があり、DHAは脳の発達を促し、思考力を高めます。
　鮮度のきわめて良いものは刺身にし、脂ののったものは手軽に塩焼きや蒲焼きにすると美味です。加工品ではみりん干しや蒲焼き風缶詰、味付け缶詰などが好まれます。

ししゃもの焼き浸し

- 調理時間 10分
- 子ども1人分 78kcal

栄養バランス
- 最も効率良く摂取できる栄養素　ビタミンB_2, C　カルシウム
- 比較的効率良く摂取できる栄養素　ビタミンA, B_{12}

■ 材料（4人分）
ししゃも　14本（正味150g）
ブロッコリー　1/2株（75g）
ミニトマト　5個
しょうゆ　小さじ3 1/3
みりん　小さじ3 1/3

■ 作り方
① ししゃもを焼き、しょうゆとみりんを合わせたものに熱いうちに漬け込む。
② ブロッコリーは小房に分けゆでる。ミニトマトは1/2に切る。
③ 器に①を盛りつけ、②を添える。

ししゃも
脂質、タンパク質、ビタミン類が豊富、丸ごと食べられてカルシウムの摂取に最適

わかさぎによく似た体長15cmくらいの魚。産卵のために北海道の東南部の川に上ってきます。この時期に漁獲するので旬は秋となり、漁獲高が大きいので干物に加工されます。卵をもった雌は子持ちししゃもと呼ばれ美味で、子どもたちにも人気があります。最近市場で出回っているカラフトシシャモは北大西洋と北太平洋で漁獲されるものです。生干しの塩蔵品が多く、脂質、タンパク質、カルシウム、ビタミンB_2、ビタミンB_{12}などが多く含まれます。カルシウムは骨や歯を丈夫にし、不足すると、神経過敏になってしまいます。ビタミンB_2には抗酸化作用があり、B_{12}は赤血球のヘモグロビン合成を助け、悪性貧血を防止してく

ししゃものおろし煮

|調理時間| 10分
|子ども1人分| 91kcal
栄養バランス
|最も効率良く摂取できる栄養素| カルシウム　ビタミンB_2
|比較的効率良く摂取できる栄養素| ビタミンB_{12}

■ 材料（4人分）
ししゃも　14本（正味150g）
大根　1/6本（150g）
しょうゆ　大さじ1 2/3
みりん　大さじ3 1/3

■ 作り方
①ししゃもは頭を取り除く。
②だし1 1/4カップにしょうゆ、みりんを加え、①をコトコト煮る。
③最後におろした大根を加え、ひと煮立ちさせ仕上げる。

れます。
　生干しはしっかり網焼きすれば、子どもでも頭から食べられます。捨てるところがない魚で、カルシウムの供給源として大いに期待できます。

こ・ら・む

チャーハンをおいしく作るコツ

　オクラは軽く塩でもむと、気になるうぶ毛がとれます。さっとゆでてください。すぐやわらかくなりますので、ゆで過ぎないようにしましょう。噛み応えがなくなってしまいます。
　チャーハンは強火で手早く炒めることが、パリッと仕上げるコツです。オクラやしそは最後に入れることがお勧め。彩りもきれいに仕上がります。

しらす干しとしそのチャーハン

- 調理時間 15分
- 子ども1人分 246kcal
- 栄養バランス
- 最も効率良く摂取できる栄養素 カルシウム

■材料（4人分）
ごはん　550g
しらす干し　50g
しそ　15枚
コーン（缶）　100g
にんじん　1/4本（50g）
オクラ　5本（50g）
しょうゆ　小さじ2 1/2
油　大さじ1 2/3

■作り方
① しそは千切りにし、にんじんはみじんに切る。オクラはゆでて小口に切る。
② フライパンに油をひき、にんじん、コーンを入れ、軽く炒める。
③ さらにごはんとしらす干しを加え、ほぐすように炒めあわせる。
④ しそとオクラを加え炒め、しょうゆを入れて調味する。

しらす干し
骨ごと食べられてカルシウム補給の常備食、ビタミンDも豊富で子どもに積極的に与えたい食材

しらすとはいわし類、いかなごなどの稚魚期の魚の総称。生後2～3カ月のかたくちいわしやまいわしの稚魚が原料となり、食塩水でゆで軽く干したものです。製造方法や地域によって呼び方が異なり、関東ではしらす干し、関西ではちりめんじゃこと呼ばれています。しらす干しは生乾きですが、ちりめんじゃこはよく乾燥されています。釜あげと呼ばれるものは、漁獲直後の鮮度の良い、干していないもののことです。白く小さいものほどやわらかく、味も良いので上等とされます。カルシウム、マグネシウム、亜鉛、ビタミンDなどを手軽に摂取できるのが特徴。マグネシウムはカルシウムと一緒に骨を作るため、欠かせない成分。ビタミンDはカルシウムの吸収を助けます。丈夫な骨の形成のために必要不可欠な成分が三つ揃った食材なのです。大根おろしと合えたり、ふりかけに混ぜたりすることができ、日頃の食卓で簡単に大切なミネラルを補給できます。

たいのナッツ刺身サラダ

- 調理時間 10分
- 子ども1人分 132kcal
- 栄養バランス
- 最も効率良く摂取できる栄養素　ビタミンD
- 比較的効率良く摂取できる栄養素　ビタミンA、B_1、E

■材料（4人分）
たい　200g
カシューナッツ　25g
キャベツ　大2枚（150g）
きゅうり　1/2本（50g）
コーン（缶）　50g
ミニトマト　5個（50g）
A　酢　大さじ1 2/3
　　油　大さじ1 2/3
　　塩　小さじ1/3
　　しょうゆ　小さじ2 1/2

■作り方
①たいは刺身のように、薄切りにする。
②カシューナッツは小さく砕いておく。
③キャベツときゅうりは千切りにする。ミニトマトは4ツ割りにする。
④Aを合わせドレッシングを作る。
⑤③とコーンを合わせたものをお皿に盛り、①のたいを上に盛りあわせ、ナッツをふり入れ、ドレッシングをかける。

たい
成長に必要な良質なタンパク質とビタミンA、Dが豊富、子どもの成長を促すめでたい素材

たいといえば一般にはまだいを指します。そのほか、たい類にはきだい、くろだい、ちだいなどがあります。まだいは体の色は赤からピンク色、腹部は銀白色で古くより海魚の王として賞味され、お祝い事には付き物です。旬は早春。北海道から本州にかけて広く分布していますが、近年養殖も盛んに行われています。たい類は代表的な白身魚。タンパク質、ビタミンA、Dが豊富に含まれています。また、ひらめやまふぐと並んでタウリンを多く含有。タウリンにはコレステロール低下作用があります。たい類は死後、魚肉内でイノシン酸が多く蓄積し、これが多くの人に好まれる旨味成分になっています。まだいの体の赤い色は餌に依存するもので、カロチノイド

たいのソテー・レモンバターソース

調理時間 15分
子ども1人分 101kcal
栄養バランス
最も効率良く摂取できる栄養素 ビタミンD

■材料（4人分）
たい　200g
塩　少々
こしょう　少々
バター　大さじ1 2/3
レモン汁　大さじ2 1/2
塩　少々
こしょう　少々
コーン（缶）　75g
さやいんげん　5本（25g）
油　小さじ1 1/3
塩　少々

■作り方
①たいは切り分けて塩、こしょうする。さやいんげんはゆでて、小口に切る。
②フライパンにバターをひき、たいを両面ソテーする。充分火が通ったら、レモン汁、塩、こしょうを加え、仕上げる。
③コーンとさやいんげんはソテーし、塩で調味する。
④器に②と③を盛りつける。

系色素のアスタキサンチンです。たい料理には、美しい色と品位のある味を活かした刺身、塩焼き、鯛めし、たいの頭を使ったうしお汁などがあります。佐賀県の郷土料理であるたいを丸ごと使った「かぶと焼き」は有名です。

まだい

こ・ら・む

たちうおの塩焼き・ケチャップかけをおいしく食べるコツ

　後でケチャップをかけますので、たちうおの塩は控えめにかけます。

　大根はおろしてから時間が経つに連れて、ビタミンCが失われます。食べる直前におろしましょう。酢を入れることでその損失も防げます。また、キウイフルーツを加えることでビタミンCを補給できます。

たちうおの塩焼き・ケチャップかけ

| 調理時間 | 15分 |
| 子ども1人分 | 72kcal |

栄養バランス
| 最も効率良く摂取できる栄養素 | ビタミンD |
| 比較的効率良く摂取できる栄養素 | ビタミンC　タンパク質 |

■ 材料（4人分）
たちうお　250g（骨付き）
塩　少々
ケチャップ　大さじ1 2/3
大根　1/8本（100g）
キウイフルーツ　2/3個（50g）
砂糖　小さじ1 1/3
酢　小さじ1 1/3

■ 作り方
①たちうおは切り分けて、塩をふる。
②①を焼き、八分ほど焼き上がったところにケチャップをぬりつけ、さらに焼く。
③キウイフルーツはサイの目に切り、おろし大根、砂糖、酢を合わせたものと和える。
④器に②を盛りつけ、③を添える。

たちうお　良質なタンパク質やビタミンDが多いヘルシーな白身魚、子どもにも人気

　「太刀魚」と漢字で書くように細長く、銀白色の魚です。名前のごとく頭を上に立って泳いでいます。体長は大きく1～1.5mもあり、日本各地の沿岸に生息しています。春から初夏にかけてが旬で、この頃は脂がのって、とてもおいしくなります。
　たちうおには、良質タンパク質やビタミンDが豊富に含まれ、脂質含量は割合少ないヘルシーな魚です。タンパク質は血や肉になり、エネルギー源でもあります。ビタミンDはカルシウムの吸収を促進し、骨や歯を丈夫にします。
　淡白な白身魚ですので、子どもにも好かれ、鮮度の良いものは刺身や酢の物にします。また、食べ方には塩焼き、南蛮焼き、ムニエル、フライ、照り焼きなどがあります。

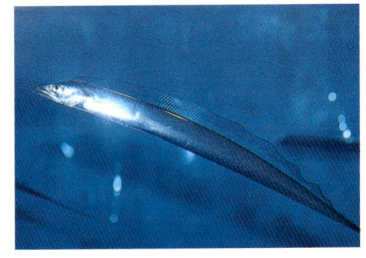

こ・ら・む

焦げに注意したいたらのカレーピカタ

　ピカタとは小麦粉、卵をつけてソテーするイタリア料理の一つです。
　卵に粉チーズを入れますので、焦げやすくなります。注意してください。
　淡白な素材のたらが、コクのある一品になります。

たらのカレーピカタ

- 調理時間 20分
- 子ども1人分 140kcal
- 栄養バランス
- 最も効率良く摂取できる栄養素 タンパク質
- 比較的効率良く摂取できる栄養素 ビタミンA

■ 材料（4人分）
たら　250g
塩　少々
こしょう　少々
A　小麦粉　適宜
　　カレー粉　適宜
　　（小麦粉とカレー粉が3：1になるように）
B　卵　1 1/2個
　　粉チーズ　大さじ1 2/3
油　大さじ1 2/3
じゃがいも　1 1/2個（150g）
パセリ　少々
塩　少々

■ 作り方
① たらは一口大に切り、塩、こしょうする。
② Aの小麦粉とカレー粉を合わせておく。Bの卵と粉チーズも合わせ混ぜておく。
③ ①のたらにA、Bの順に衣をつけ、フライパンで両面をソテーする。
④ じゃがいもはサイコロに切ってゆでる。お湯を捨て再び火にかけ、水気を飛ばして粉をふかせる。
⑤ ④に塩をふり、みじん切りのパセリを加えて混ぜる。
⑥ 器に③と⑤を盛りつける。

たら　良質なタンパク質とビタミン類が豊富な代表的な白身魚、皮膚や粘膜を丈夫にしてくれる

　たらというと日本ではまだら、すけとうだら、こまいの3種がありますが、おもにまだら、北陸や北海道ではすけとうだらを指しています。たら類は一般に海底に生息し、まだらは体長1mにもなり、すけとうだらは体長50cmくらいです。どちらも旬は冬。代表的な白身魚で栄養的には良質タンパク質、ビタミンA、ビタミンDが豊富。

　まだらは、新鮮なものは刺身に、そのほかはたらちりなどの鍋物、塩焼き、ムニエル、かす漬などに使用されます。すけとうだらはゲルを形成しやすく味が良いため、冷凍のすり身としてかまぼこやちくわといった練り製品の原料になります。たらこはすけとうだらの卵巣を塩漬けしたもの。まだらやすけとうだらの精巣は白子として汁物、鍋物、和え物などに利用され、捨てるところがない魚です。

まだら

こ・ら・む

にしんのしょうゆ焼きの上手な焼き方

　にしんは200℃のオーブンで漬け汁を何回かつけながら焼くのがコツ。そのまま焼くだけでは照りが出ません。少なくとも2回は取り出して、焼き加減を見ながら漬け汁をつけ、ふっくら焼き上げてください。

　オーブントースターでも構いませんが、表面が焦げやすいので注意しながら焼きましょう。表面に照りもつき、きつね色に焼き上がっても、中まで火が通っていない時は、焦げないようにホイルをかぶせて、中まで焼いてください。

にしんのしょうゆ焼き

|調理時間| 15分（漬け時間10～20分は含まない）
|子ども1人分| 103kcal

栄養バランス

|最も効率良く摂取できる栄養素| ビタミンE

■ 材料（4人分）
にしん　200g
A　しょうゆ　小さじ3 1/3
　　酒　大さじ1 2/3
大根　1/8本（100g）
きゅうり　1/2本（50g）
小ねぎ　5g

■ 作り方
①にしんは一口大程度に切り分ける。
②Aの材料を合わせ、にしんを漬け込む。
③大根は三角形に薄く切り、きゅうりは輪切りにする。小ねぎは小口切りにする。
④オーブンで②を焼く。2回ほどAの漬けだれをハケでぬりながら焼き、照りをつける。
⑤器に④を盛りつけ、上に小ねぎを散らす。大根ときゅうりを添え、盛りつける。

にしん　ビタミン類やタンパク質、脂肪が豊富、中でもビタミンEは活性酸素を抑え病気を予防してくれる

　寒帯に生息する回遊魚で、全長35cmくらい。昭和20年代、4～5月の北海道沿岸に春を告げる魚として知られ大量に漁獲されましたが、今日の漁獲高はごくわずかです。旬は春から初夏で、この時期は脂がのって非常においしくなります。「かずのこ」といわれる、にしんの卵巣には1腹で3万～5万の卵が詰まっています。赤身の魚で良質タンパク質、脂肪、ビタミンA、E、D、B_2が豊富に含まれます。ビタミンEには抗酸化作用があり、生活習慣病を予防してくれます。また、大気汚染から肺を守る作用もあり、外で元気に遊ぶ子どもを汚れた空気から保護してくれます。
　塩焼き、しょうゆ焼き、ムニエル、フライなどに利用され、加工品としてはお正月の定番である昆布巻きや燻製品があります。半乾きにした身欠にしんは特有の風味があり美味で、子どもも喜んで食べますが、小骨が多いので、骨をとってあげると良いでしょう。

こ・ら・む

はたはたとキノコや野菜を上手に煮るポイント

　はたはたは、体長20cmほどで、さばきやすい魚。頭と内臓を取り除くだけですので、簡単に利用できます。

　野菜などは八分ほどやわらかくしたところに、調味料を加え、はたはたを入れます。沸騰するまでは強火、落としぶたをしたら、弱火で煮ます。時々煮汁をはたはたにかけながら煮付けてください。野菜だけの煮物のようにかき混ぜると魚の煮くずれが心配です。鍋は底の広い浅手のものが良いでしょう。

はたはたキノコ野菜煮

- 調理時間 / 30分
- 子ども1人分 / 78kcal
- 栄養バランス
- 最も効率良く摂取できる栄養素 / ビタミンA
- 比較的効率良く摂取できる栄養素 / ビタミンC, D

■ 材料（4人分）

- はたはた　5尾（正味200g）
- まいたけ　1/2パック（50g）
- こんにゃく　1/5枚
- にんじん　1/3本（75g）
- 大根　1/6本（150g）
- 小松菜　1/6束（50g）
- 生姜　1片
- しょうゆ　大さじ2 1/2
- 砂糖　大さじ1 2/3

■ 作り方

① はたはたは頭をとり、1/2にブツ切りにする。
② こんにゃくは小さくちぎる。まいたけはほぐしておく。にんじん、大根はいちょうに切る。小松菜はゆでて1cmに切る。
③ だし2 1/2カップを鍋に入れ火にかけ、大根、にんじん、こんにゃく、まいたけを加え煮る。
④ 野菜がやわらかくなったら、しょうゆ、砂糖、生姜汁を加え、沸騰したところに①を加え、落とし蓋をして煮つける。
⑤ 最後に小松菜を加え仕上げる。

はたはた　豊富なタンパク質とビタミンAが風邪に負けない体を作り、目の疲れも防いでくれる

　日本海に多く生息。全長20cmくらいで、旬は秋から冬にかけてで、産卵のために岸に来た群を漁獲します。「秋田名物はたはた…」と唄われるように秋田県では多量に漁獲されます。そのほか、山形県でもたくさんとれます。秋田名物のはたはたから作る「しょっつる」と正月料理として親しまれている「はたはたずし」は有名。

　はたはたは白身の魚で、栄養的には良質なタンパク質、ビタミンA、Dが多く含まれています。脂質含量はそれほど多くはありません。体を作り、エネルギーを生み出すタンパク質、視覚機能を正常に保ち、病気に対する抵抗力も高めるビタミンA、カルシウムの吸収を助けるビタミンDなど、健康な体を作るために欠かせない栄養素が揃っています。はたはたは天ぷら、寿司、塩焼き、うしお汁などにし、また、加工品としては干物、塩辛、各種漬け物などが知られています。

こ・ら・む

ひらめのブイヤベースをおいしく煮るコツ

　ひらめは火の通りが早く、煮くずれしやすい魚。小麦粉をつけることで、旨味を逃さないと同時に煮くずれを防ぎます。ペコロス、にんじん、じゃがいもは八分がたやわらかくしてから、調味料を加え、沸騰しているところにひらめを加えます。沸騰していないと、粉っぽくなり、おいしくありません。
　ひらめを加え、火が通ったら手早く仕上げます。いつまでも煮ないでください。

ひらめのブイヤベース

- **調理時間** 20分
- **子ども1人分** 101kcal

栄養バランス
- **最も効率良く摂取できる栄養素** ビタミンD
- **比較的効率良く摂取できる栄養素** ビタミンA, C

■材料 (4人分)

- ひらめ 200g
- じゃがいも 1 1/2個 (150g)
- ペコロス 6個 (75g)
- にんじん 1/3本 (75g)
- ブロッコリー 2/3株 (100g)
- コンソメ 1個
- ケチャップ 大さじ3 1/3
- ターメリック 少々
- 塩 少々
- こしょう 少々
- 小麦粉 適宜

■作り方

① ひらめは一口大に切る。
② にんじんは半月に切って面とりをする。ブロッコリーを小房に分けてゆでる。じゃがいもは乱切りにする。
③ 鍋に水3 3/4カップ、コンソメを入れ、ペコロス、にんじん、じゃがいもを加え煮る。
④ 野菜がやわらかくなりはじめたら、ターメリック、ケチャップを加える。沸騰してきたら、小麦粉をまぶしたひらめを加え煮る。
⑤ ひらめに火が通って、とろっとしてきたら、塩、こしょうで調味し、ブロッコリーを加える。

ひらめ　血や肉を作る良質なタンパク質が多く、脂肪が少ないヘルシーな素材

かれいに似ていますが、「左ひらめ、右かれい」といわれ区別されるように、ひらめは体の左に両目があります。目のある方は黒褐色で多数の白い斑点があります。北洋から南日本まで広く生息し、旬は秋から冬にかけてです。

白身魚の代表格で、栄養的には良質タンパク質とビタミンDが豊富に含まれます。脂質の少ないヘルシーな魚です。タンパク質は血や肉、エネルギーの源となり、感染症から体を守ってくれます。ビタミンDはカルシウムの吸収を促進します。

新鮮なものは刺身、寿司だねに使用されます。ほかには煮つけ、揚げ物、ムニエルなど、和洋どちらにも広く利用できる魚です。

ぶりの鍋照り焼き

- 調理時間 / 15分
- 子ども1人分 / 151kcal

栄養バランス
- 最も効率良く摂取できる栄養素 / タンパク質　ビタミンD
- 比較的効率良く摂取できる栄養素 / ビタミンA, B_2　鉄

■ 材料（4人分）
ぶり　200g
マーガリン　大さじ1 2/3
A　しょうゆ　大さじ1 2/3
　　みりん　大さじ1 2/3
きゅうり　1/2本（50g）

■ 作り方
①ぶりは切り分け、マーガリンをひいたフライパンで両面ソテーする。
②合わせたAを回し入れ、照りをつけながら焼き上げていく。
③きゅうりは小口に切って、切れ目を1ヵ所入れ、2個づつ組み合せる。
④器に②を盛りつけ、③を添える。

ぶり
DHAやタンパク質、ビタミン類、ミネラルなど子どもに必要な栄養の宝庫

　日本全土に広く分布する回遊魚。代表的な出世魚で、一般的に太平洋側では成長するにつれ、わかし、いなだ、わらさ、ぶり、日本海側ではふくらぎ（つばす）、いなだ、はまち、ぶりと名を変えます。養殖ものは体長に関係なく「はまち」と呼ぶことが多いようです。旬は冬で「寒ぶり」といわれます。赤身の魚で、栄養的にはタンパク質、脂質、ビタミン、ミネラルなどすべての栄養素が豊富。中でもタンパク質、脂質、鉄、マグネシウム、亜鉛、銅、ビタミンA、E、D、B_1、B_2、B_6などが多く含まれます。脂質は構成脂肪酸のDHAやIPAが豊富で、コレステロール低下や血栓防止などの作用があり、DHAには脳を活性化させる働きもあります。刺身、塩

ぶりと大根のカレー

- 調理時間 / 25分
- 子ども1人分 / 371kcal

栄養バランス
- 最も効率良く摂取できる栄養素 / ビタミンA, D
- 比較的効率良く摂取できる栄養素 / ビタミンB₂, C　鉄

■材料（4人分）
ぶり　200g
小麦粉　適宜
油　小さじ2 1/2
大根　1/5本（200g）
ほうれん草　1/2束（100g）
干しぶどう　25g
コンソメ　1個
カレールー　50g
しょうゆ　小さじ2 1/2
ごはん　550g

■作り方
①ぶりは皮をとり、拍子木に切る。
②大根も拍子木に切り、ほうれん草はゆでて1cmに切る。
③鍋に油をひき、小麦粉をまぶしたぶりをソテーし、水3カップ、コンソメ、大根を加え煮る。
④大根がやわらかくなってきたら、カレールー、干しぶどうを加え煮込む。
⑤最後にしょうゆを加え調味し、ほうれん草を加える。
⑥器にごはんを盛り、⑤をかける。

焼き、照り焼きなどに利用されます。非常に栄養価の高い魚ですので、たっぷり食べさせましょう。

まぐろのづけごはん

| 調理時間 | 10分（漬け時間10～15分を含まない） |
| 子ども1人分 | 221kcal |

栄養バランス

| 最も効率良く摂取できる栄養素 | ビタミンD　鉄 |

■ 材料（4人分）
刺身用まぐろ赤身　200g
A　しょうゆ　大さじ1 2/3
　　みりん　大さじ1 2/3
きゅうり　1本（100g）
焼きのり　少々
ごはん　500g

■ 作り方
① まぐろは刺身風に切り、Aに漬け込む。
② きゅうりは千切りにする。焼きのりもはさみを使って千切りにしておく。
③ 器にごはんを盛り、きゅうりをのせて、①のまぐろをタレとともに盛りつけ、最後にのりを添える。

まぐろ
ビタミン類やミネラルをバランス良く含み、DHAやIPAも豊富、ヘルシーで子どもにも人気

　回遊魚の代表で、世界の海を回遊しますが、一般の人々の口に入るのは冷凍魚。縄文時代や弥生時代から食べられ、貝塚からも骨が発見されています。きはだまぐろ、ほんまぐろ（くろまぐろ）、みなみまぐろ、めばちまぐろなどが知られていますが、ほんまぐろが最も美味です。赤身魚の代表で、旬は冬。この頃の脂身の脂肪含量は40％を越えます。赤身と脂身で成分は大きく異なり、赤身は良質タンパク質、鉄、ビタミンD、B_6が多く含まれますが、脂質は少なくヘルシーです。一方脂身（トロ）はタンパク質、脂質とも豊富に含まれ、どちらも質的に優れています。脂質の構成脂肪酸はDHAやIPAが豊富。ほんまぐろの上等なものは刺身、寿司だねとして、め

まぐろの味噌つけ焼き

|調理時間| 15分
|子ども1人分| 88kcal
栄養バランス
|最も効率良く摂取できる栄養素| ビタミンD　鉄

■ 材料 (4人分)
刺身用まぐろ赤身　200g
A　味噌　大さじ1 2/3
　　みりん　小さじ3 1/3
　　砂糖　大さじ1 2/3
オクラ　3本 (25g)

■ 作り方
①オクラはゆでて小口に切る。
②Aを合わせ混ぜ、30秒程電子レンジにかけ、練り味噌を作る。
③テフロンのフライパンでまぐろを両面軽く焼く。(中まで火を通さないのがポイント)
④③を1cmぐらいの厚さに切り分ける。
⑤器に④を盛り、②の味噌をかける。①のオクラを飾って出来上がり。

ばちまぐろは、ねぎま、生姜焼き、やまかけなどにも利用されます。

こ・ら・む

ほっけのカレー竜田揚げの上手な揚げ方

　ほっけは一口大に切りますが、子どもの嫌がる骨などがあれば、丁寧に取ってください。
　カレー粉は好みで加減すると良いでしょう。
　カラッと揚げるためにも汁気を拭き取ってから、片栗粉は薄くつけましょう。一口大で形は大きくありませんから、火も通りやすく、また、しょうゆタレに漬けてあり焦げやすいので、短時間で揚げましょう。油の温度が下がらないようにするためにも、一度にたくさん入れないことが大切です。

ほっけのカレー竜田揚げ

| 調理時間 | 10分（漬け時間10〜20分を含まない） |
| 子ども1人分 | 114kcal |

栄養バランス

| 最も効率良く摂取できる栄養素 | ビタミンB_2 |

■ 材料（4人分）

塩ほっけ　250g
A　カレー粉　小さじ1 2/3
　　しょうゆ　小さじ2 1/2
　　みりん　小さじ2 1/2
片栗粉　適宜
揚げ油　適宜
レタス　4枚（100g）

■ 作り方

① ほっけは一口大に切る。
② Aの材料を合わせ、ほっけを漬け込む。
③ レタスは千切りにする。
④ ②に片栗粉をまぶし、揚げる。
⑤ 器に③をひき、④を盛りつける。

ほっけ

ビタミンやミネラル、良質なタンパク質の宝庫、冬から春にかけておいしく食べられる

　茨城県以北から北海道にかけての太平洋岸と山形県の日本海に分布。北海道はとくに漁獲高が大きいので有名です。初冬から春にかけてが旬です。良質タンパク質が割合多く含まれ、さらにビタミンA、D、B_{12}、亜鉛、銅などが豊富です。銅は鉄とともに血液のヘモグロビンの合成に役立ち、不足すると貧血を起こしやすくなります。亜鉛は味覚機能を正常に保つ働きがあります。食生活が乱れがちな若者を中心に亜鉛不足から味覚障害を起こす人が増えていますが、子どものうちに、きちんとした食習慣を身に付けさせ、このような味覚障害を予防しましょう。
　開き（一夜干し）が一般的ですが、そればかりでは子どもたちは飽きてしまいますので、煮物、焼き物、フライなどにも利用し、いろいろな味わい方を楽しみましょう。

こ・ら・む

わかさぎのフライは衣を薄くつけましょう

　わかさぎは水でさっと洗ってぬめりを取り、ざるに上げ水気をよく拭き取ってから、塩とこしょうをして、衣をつけます。衣を薄くつけるには、最初の小麦粉をつける時に、余分な粉を振り落として薄くつけるのがコツです。

わかさぎのフライ

- 調理時間 15分
- 子ども1人分 174kcal
- 栄養バランス
- 最も効率良く摂取できる栄養素 カルシウム
- 比較的効率良く摂取できる栄養素 ビタミンB_2、E　鉄

■材料（4人分）

わかさぎ　200g
小麦粉　適宜
卵　適宜
パン粉　適宜
揚げ油　適宜
グリーンアスパラガス　10本（100g）
ラディッシュ　少々
レモン　1/2個（50g）
ソース　大さじ2 1/2

■作り方

① わかさぎは塩、こしょうする。
② 小麦粉、卵、パン粉の順に衣をつけて揚げる。
③ アスパラガスはゆでて、3等分に切り、ラディッシュを少々飾りつける。
④ レモンはくし形を1/2に切る。
⑤ 器に②を盛り、③とレモンを添える。ソースをかけて食べる。

わかさぎ

ビタミン類、ミネラルなどが豊富、カルシウムの摂取に最適で情緒の安定した子にしてくれる

さけやあゆと同じように川を登り産卵し、川を下って成魚となります。細長い体で体長12cmくらい。淡水でも生息できるので各地の湖に移され繁殖しています。阿寒湖、諏訪湖、宍道湖などで、漁獲高が大きい魚です。旬は春で、この時期は脂がのり、とくにおいしくなります。白身魚で淡泊な味。良質タンパク質、カルシウム、鉄、カリウム、マグネシウム、亜鉛、銅などの各種ミネラル、ビタミンB_2、B_{12}などが豊富に含まれています。カルシウムは丈夫な骨を作り、マグネシウムも骨の形成に役立ちます。鉄は銅とともに貧血を予防し、ビタミンB_{12}も造血に役立ちます。骨ごと食べられますので、日本人に不足しがちな栄養素で、子どもの成長に欠かせないビタミン、ミネラル類が手軽に摂取できます。天ぷら、フライ、煮物、マリネなどに利用されます。

こ・ら・む

メルルーサの上手な切り方

　メルルーサは冷凍ものが出回っていますが、半解凍の状態で切ると、切りやすいものです。煮くずれしやすいので、粉をつけて調理します。扱いやすく旨味も逃がしません。半解凍の状態でそのまま使っても大丈夫。粉をつける時は、粉がかたまってつかないように、水気を充分拭き取ります。

　野菜スープは、キャベツ、玉ねぎ、トマトとじっくり長時間煮る必要のない素材ばかりです。先に加えて沸騰してきたら、もうメルルーサを加えて煮ます。冷凍状態から使う時は、メルルーサの中まできちんと火が通っているかを確認しましょう。

メルルーサの野菜スープ煮

調理時間	20分
子ども1人分	111kcal

栄養バランス
最も効率良く摂取できる栄養素　ビタミンC
比較的効率良く摂取できる栄養素　ビタミンB_1

■材料（4人分）

- メルルーサ　200g
- 片栗粉　適宜
- ベーコン　50g
- キャベツ　2枚（100g）
- トマト　1個（100g）
- 玉ねぎ　1/2個（100g）
- さやいんげん　4本（15g）
- コンソメ　1個
- ケチャップ　大さじ3 1/3
- 塩　少々
- こしょう　少々

■作り方

① メルルーサは一口大に切る。ベーコンは1cmに切る。
② キャベツはちぎる。トマトはくし形を1/2に切り、玉ねぎは薄切りにする。さやいんげんはゆでて1cmに切る。
③ 水5カップにコンソメ、玉ねぎ、キャベツ、トマト、ベーコンを加え煮る。
④ 沸騰したところに片栗粉をまぶしたメルルーサとケチャップを加え、さらに煮る。
⑤ メルルーサに充分火が通ったら、塩、こしょうで調味し、さやいんげんを加える。

メルルーサ
日本では新顔の魚、良質なタンパク質を含み、味は淡白で子どもにも人気の素材

　メルルーサとはスペインでの呼び名Merluzaに由来しています。たら科に近いもので、大西洋岸、太平洋岸、ニュージーランドなどに分布します。メルルーサの仲間は12種類あり、日本で食べられるのは、そのうち7種類程度。ヨーロッパでは古くから食べられた魚ですが、日本では昭和40年ごろから店頭に並ぶようになった新顔の魚です。白身の魚で含有量はそれほど多くありませんが、タンパク質は良質です。良質タンパク質は、体を作り、免疫力を高めるうえ、ストレスも緩和してくれます。脂肪が非常に少なく味も淡白で、ヘルシーな魚ですので、肥満が気になる子にも、安心して食べさせてあげられます。
　大味ですので、ムニエル、フライ、バター焼きなどにすると、風味も増し、子どもも喜んで食べます。

こ・ら・む

あさり料理の基本

　あさりは2〜3％の塩水につけ、よく砂を吐かせておきます。また、貝の表面もよく汚れを洗い落とします。これはどんなあさり料理でも基本作業です。

　スパゲッティは子どもが食べやすいように、半分に折ってゆでるのも良いでしょう。

　あさりが開いたら、あまり煮込まないように、仕上げは手早く。そのために、スパゲッティはそれまでにゆであげておくようにしましょう。

あさりのトマトソースパスタ

| 調理時間 | 20分 |
| 子ども1人分 | 246kcal |

栄養バランス
| 最も効率良く摂取できる栄養素 | ビタミンB$_{12}$　鉄 |
| 比較的効率良く摂取できる栄養素 | ビタミンC, E |

■ 材料（4人分）
- スパゲッティ　200g
- あさり（殻付き）　500g
- トマト（缶）　300g
- 玉ねぎ　1/2個（100g）
- ケチャップ　大さじ2 1/2
- コンソメ　1 1/4個
- オリーブ油　大さじ1 2/3
- ほうれん草　1/3束（100g）

■ 作り方
①あさりは充分砂抜きをして、よく洗っておく。
②玉ねぎは薄切りにし、トマトはつぶしておく。ほうれん草はゆでて1cm程に切る。
③フライパンにオリーブ油をひき、玉ねぎ、①を炒める。
④水2カップ、コンソメ、トマトを加え混ぜ、中火にしてフタをする。
⑤あさりが開いたら、ケチャップを加え調味し、ゆでたスパゲッティーとほうれん草を加え合わせ、炒める。

あさり　亜鉛、鉄、ビタミンB群が豊富、微量でも正常な発育に欠かせないミネラル

　あさりはしじみとともに味噌汁の具として昔から親しまれてきた食品。亜鉛、鉄、ビタミンB$_2$、ビタミンB$_{12}$が豊富に含まれています。亜鉛は味覚を正常に保ち、鉄は血液中のヘモグロビンの成分になります。ビタミンB$_2$は発育ビタミンといわれ、糖質や脂肪をエネルギーに変える際に必要で、正常な発育のためには欠かせないビタミンです。そのほか過酸化脂質の生成も抑えてくれますので、ガンや循環器疾患、糖尿病などの生活習慣病を予防してくれます。ビタミンB$_{12}$は造血機能をもち、不足すると悪性貧血になりますので、あさりは貧血予防に効果的。子どもにも、若いお母さんにもお勧めの食材です。そのほかにも、あさりには海水の成分であるさまざまな微量のミネラルが含まれています。

こ・ら・む

おいしいかきフライ作りのポイント

　かきは傷つきやすいので、ザルに入れ、塩水か真水の中で握り洗いし、ごみや汚れを取り除きます。

　衣がはがれてしまいますので、かきを洗ったら、充分に水気を取ることが必須です。衣も薄くて済みますので、しっかり拭き取りましょう。

かきフライ

|調理時間|15分|
|子ども1人分|264kcal|

栄養バランス
最も効率良く摂取できる栄養素　亜鉛　鉄
比較的効率良く摂取できる栄養素　ビタミンB_2

■材料（4人分）

- かき　16個（250g）
- 小麦粉　適宜
- 卵　適宜
- パン粉　適宜
- 揚げ油　適宜
- マヨネーズ　大さじ2 1/2
- 卵　1個
- キャベツ　1枚（50g）
- ミニにんじん　5個
- パセリ　少々

■作り方

①かきは洗って汚れを落としておく。
②キッチンペーパーで水気をよくとり、小麦粉、卵、パン粉の順に衣をつけ、揚げる。
③ゆで卵を作り、みじんに切って、マヨネーズと混ぜタルタルソースを作る。
④キャベツは千切りにする。ミニにんじんはさっとゆで、頭にパセリを差し込む。
⑤お皿に②を盛りつけ、キャベツ、ミニにんじん、タルタルソースを添える。

かき　亜鉛、銅、カルシウム、鉄など海のミネラルがつまっている

　欧米でも日本食が広まる以前から生で食べられている唯一の水産物。日本でも昔から滋養強壮の働きで知られています。秋から冬にかけてが旬です。この頃のかきは特有の旨味があり、グリコーゲンが多く美味です。かきにはミネラルが豊富に含まれます。中でも亜鉛と銅がとくに多いのが特徴です。亜鉛は味覚機能に関わるだけでなく、タンパク質の合成にも関係し、不足すると成長障害を引き起こします。銅は鉄とともに血液のヘモグロビンの合成に役立ち、貧血を防止します。さらにかきはビタミンB_{12}の給源としても優れています。子どもたちや若い女性の貧血予防に大いに役立ちます。そのほか、カルシウム、鉄、マグネシウムなどのミネラルも多く含まれ、海水のミネラルが濃縮された食べ物です。

いわがき

こ・ら・む

しじみの煮過ぎに注意しましょう

　しじみは数時間水につけ、砂や泥を吐かせておきます。よく手で洗って、表面の汚れも取っておきましょう。

　しじみは水から火にかけます。煮立ってきて、しじみの口が開いたら手早く調味し、火を止めます。煮過ぎると味が落ちますので、注意が必要です。

しじみの清まし汁

- 調理時間 / 5分
- 子ども1人分 / 8kcal
- 栄養バランス
- 比較的効率良く摂取できる栄養素 / 鉄　カルシウム

■ 材料（4人分）
しじみ（殻付き）　250g
しょうゆ　小さじ2 1/2
塩　小さじ1/2
飾りふ　少々

■ 作り方
① しじみは充分砂出しをして、洗っておく。
② 鍋にしじみと水4カップを入れて、火にかける。
③ 沸騰して、しじみの口が開いたら、しょうゆと塩で味を調える。
④ 器に③をそそぎ、飾りふを浮かす。

しじみ　ミネラルとビタミンの補給を可能にしてくれる貴重な食材

　日本各地の河川のきれいな淡水域に棲むしじみは、貝の中でも特別に注目すべき成分、カルシウムが豊富に含まれます。カルシウムは骨の形成には欠かせない成分ですが、精神の安定にも関与し、不足すると、キレやすく、落ち着きのない子になってしまいます。また、最近の研究により、結腸ガンの抑制をすることがわかりました。さらに、しじみには鉄が多く含まれます。女の子や若い女性に多い貧血防止には欠かせません。また、しじみは貝類の中で最も多くビタミンB_{12}を含み、赤血球の形成や再生に役立ち、これも貧血を防ぎます。ビタミンB_2も豊富で、皮膚を紫外線から守る働きを持ち、さらに、抗酸化作用により、過酸化脂質の生成を抑え、ガンの予防にも役立ちます。

　しじみはコハク酸という旨みの成分を豊富に含むので味噌汁や清まし汁の具として好まれます。そのほか佃煮などもあります。しじみの加熱し過ぎは風味を損なうので口が開いたらすぐ、火を止めましょう。

こ・ら・む

はまぐりのゆで方のコツ

　はまぐりはあさり同様、塩水につけ、よく砂を吐かせておきます。後でゆで汁を使いますので、表面もよく洗います。
　ゆでる時は水から。沸騰し口が開いたら、すぐ火を止めます。いつまでも煮ていると味が落ちてしまいます。
　牛乳を入れる前に、充分野菜はやわらかくしておきます。牛乳を入れてから煮込むと、牛乳が分離することがあり、なめらかなスープになりません。牛乳を入れたら、手早く仕上げます。

はまぐりの
クラムチャウダー

- 調理時間 20分
- 子ども1人分 173kcal
- 栄養バランス
- 最も効率良く摂取できる栄養素　ビタミンB_2
- 比較的効率良く摂取できる栄養素　カルシウム　鉄

■ 材料（4人分）

- はまぐり（殻付き）　500g
- にんじん　1/4本（50g）
- じゃがいも　1 1/2個（150g）
- 玉ねぎ　1/2個（100g）
- コーン（缶）　100g
- さやいんげん　10本（100g）
- バター　大さじ1 2/3
- コンソメ　1個
- 牛乳　2 1/2カップ
- 片栗粉　大さじ1 2/3
- 塩　少々

■ 作り方

① はまぐりはよく洗い、水2カップとともに火にかける。はまぐりの口が開いたら、身と殻をはずしておく。
② じゃがいも、にんじんはサイコロに切る。玉ねぎは薄切りにする。さやいんげんはゆでて小口切りしておく。
③ 鍋にバターをひき、さやいんげん以外の野菜を炒め、①のはまぐりのゆで汁と水を合わせて2 1/2カップにし、コンソメを加えて煮る。
④ 野菜がやわらかくなってきたら、はまぐりの身と牛乳を加えて煮る。塩で調味し、水溶き片栗粉でとろみをつけ、さやいんげんを加える。

はまぐり　ビタミンB_2と子どもの成長に欠かせない多種のミネラルが豊富

　二枚貝で卵型の三角形で、北海道から九州まで淡水が混じる塩分の低いところで生息しています。はまぐりは古代より食用にされ、各地で発掘される遺跡からも貝類が多く見られます。漢字では「蛤」と書き、同一固体でしか噛み合わないことから縁起物として祝い事に広く使われます。タンパク質はあまり多くなく、アミノ酸スコアも81で魚肉などに比べ質的には劣ります。ビタミンB_2が豊富に含まれ、そのほか、カルシウム、鉄、マグネシウム、カリウム、銅、亜鉛などのミネラルを広く含んでいます。これらのミネラル類には、骨や血を作るだけでなく、筋肉機能を調節し、神経の興奮性を静める働きもあります。はまぐりの上品な旨味はグリシン、アラニン、グルタミン酸、コハク酸などによります。

　焼き蛤、酒蒸し、鍋物、クリーム煮、フライ、クラムチャウダーなどに使われます。

こ・ら・む

ブロッコリーのゆで過ぎに注意しましょう

　ブロッコリーはゆで過ぎないようにしてください。軸の方はともかく、花がべちゃべちゃして、おいしくなくなります。後で炒めますので、かためにゆでておきましょう。
　マヨネーズを油の代わりに使う炒めものは焦げやすいので、少々水を加えるのがポイントです。

ほたてとブロッコリーの
マヨネーズ炒め

- 調理時間　15分
- 子ども1人分　114kcal
- 栄養バランス
- 最も効率良く摂取できる栄養素　ビタミンC
- 比較的効率良く摂取できる栄養素　ビタミンE

■材料（4人分）
ほたて貝柱　200g
ブロッコリー　2/3株（100g）
玉ねぎ　1/2個（100g）
マヨネーズ　大さじ3 1/3
塩　少々
こしょう　少々

■作り方
①ほたて貝柱は厚みを半分に切り、1/2に切る。
②玉ねぎは薄切りにして、ブロッコリーは小房に分けてゆでておく。
③フライパンにマヨネーズを入れ、玉ねぎ、貝柱を加え炒める。
④水1/3カップ、ブロッコリーを加えて混ぜ、塩、こしょうで調味し仕上げる。

ほたて　心身の正常な発育に必要なミネラルやビタミンB_2が豊富、バランスの良い栄養補給ができる

　二枚貝で、貝殻は扇形です。寒海性で北海道、東北の海底に生息し、北海道や青森で多くとれます。近年養殖も盛んに行なわれています。旬は冬。タンパク質は割合多く含まれますが、アミノ酸スコアは71で魚肉に比べれば劣ります。カルシウム、カリウム、亜鉛、銅などミネラル全般が多く含まれ、ビタミンB_2も豊富です。ほたてには強い旨味と甘味がありますが、グリシン、アラニン、グルタミン酸などのアミノ酸やイノシン酸によるものです。塩ゆでしたほたてを乾燥させた干し貝柱は中国料理の味つけには欠かせないもので、旨味成分のアミノ酸やコハク酸を濃厚に含みます。生食、煮物、焼き物、ワイン蒸し、コキーユなどに用いられます。

さざえのしょうゆ焼き

調理時間 / 10分
子ども1人分 / 108kcal
栄養バランス
比較的効率良く摂取できる栄養素 / タンパク質　亜鉛

■ 材料（4人分）
さざえ　6個
ごはん　180g
A　しょうゆ　大さじ1
　　みりん　大さじ1
バター　30g

■ 作り方
①さざえは殻から取り出し、内臓を除き、身を小さく切る。
②殻をよく洗い、ごはんをつめて①をのせ、Aを加え、バターをのせてオーブンで焼く。

さざえ
タンパク質、ミネラルが豊富、亜鉛は味覚の正常な発達に欠かせない栄養素

巻貝の一種。全国各地の沿岸、岩礁地帯に生息しています。人が潜ってとる海女漁や刺し網などで漁獲されることでよく知られています。旬は産卵期に入る前の春から初夏にかけてです。肉質はこりこりし、タンパク質が魚類に匹敵するほど多く含まれます。さらに、亜鉛と銅が多く含まれ、亜鉛は味覚障害、成長障害を防ぎ、銅は血液のヘモグロビンの合成を助けます。さざえの鮮度の良いものは刺身に、わさびじょうゆやからし酢味噌が合います。殻ごと火にかけ焼き、酒としょうゆで調味した「つぼ焼き」は磯の香りを漂わせ美味です。

くらげのマヨネーズ和え

|調理時間| 10分
|子ども1人分| 37kcal

■ 材料 (4人分)
くらげ　50g
きゅうり　1本 (100g)
トマト　1個 (100g)
A　マヨネーズ　大さじ1 2/3
　　しょうゆ　小さじ1 2/3

■ 作り方
① くらげは水につけ、塩抜きしてもどす。食べやすく切っておく。
② きゅうりは千切りにして、トマトはサイコロに切る。
③ ①と②をAで和える。

くらげ
子どもが喜ぶこりこりした食感、歯ごたえを楽しむとともに噛む力を強くしてくれる

　腔腸動物に属し浮遊生活をしています。食用になるのは福井県でとれるえちぜんくらげと瀬戸内海や九州沿岸でとれるびぜんくらげぐらいで、かさを食用にします。水分が多く固形分はほとんどありません。特有のこりこりした歯ごたえを楽しむ食材。やわらかい食品ばかり食べていると、歯並びや噛み合わせが悪くなります。くらげのようなしっかり噛んで食べる食品も子どもには必要です。塩蔵品として流通し、調理するには水出し、塩抜き、熱湯に通したものを使用します。和風では三杯酢で味つけ、中華風では前菜にしばしば用いられます。味やにおいもなく食感が喜ばれます。

びぜんくらげ

こ・ら・む

おいしいえびチャーハン作りのコツ

　えびの背わたは、料理の味を落としますのできちんと取り除きましょう。竹串で、尾から2節目ぐらいのところを刺し、そのまますくい取るようにします。

　玉ねぎは炒めることで甘味がでますので、ご飯を入れる前に充分炒めることをお勧めします。パリッと仕上げるには、最後まで強火で手早く炒めることが大切ですが、そのためには材料の水気をしっかり取っておくこと、調味料を手元に準備しておくことがポイントです。

えびチャーハン

| 調理時間 | 15分 |
| 子ども1人分 | 257kcal |

栄養バランス
| 最も効率良く摂取できる栄養素 | ビタミンC |
| 比較的効率良く摂取できる栄養素 | ビタミンE |

■材料（4人分）

- ごはん　550g
- えび　200g
- 玉ねぎ　1/2個（100g）
- 赤ピーマン　2/3個（100g）
- 黄ピーマン　2/3個（100g）
- グリンピース（缶）　25g
- 油　大さじ1 2/3
- 塩　小さじ1
- しょうゆ　小さじ2 1/3

■作り方

① えびは殻、背わたをとり、4等分に切る。
② 玉ねぎ、赤ピーマン、黄ピーマンは粗みじんに切っておく。
③ フライパンに油をひき、②を炒める。
④ 玉ねぎが透き通ってきたら、①のえびを入れて炒める。
⑤ さらにごはんを加え炒める。塩、こしょうで調味し、グリンピースを加え仕上げる。

えび　身には良質なタンパク質、殻には食物繊維が豊富、さらにコレステロール低下作用があるタウリンを含有

　えびには大型のイセエビから小型の桜海老までいろいろあります。殻の主成分はキチンという成分で不溶性の食物繊維の仲間です。食物繊維というと野菜や海藻を思い浮かべますが、えびやかにの殻の成分も、実は食物繊維で、便秘や大腸ガンなどの予防効果があります。また、えびはゆでると赤くなりますが、これはカロチノイド系色素のアスタキサンチンがタンパク質と結合していたものが、加熱により、アスタキサンチンが遊離し、アスタシンに変化するためです。えび特有の甘味はグリシン、アラニンなど甘味を持つアミノ酸が多く含まれているため。また、タウリンも豊富に含まれます。タウリンにはコレステロール低下作用や肝臓の機能を高める働きがあります。えびは脂肪が少なく淡白なので、和洋中華の食材として広く利用されます。小えびの塩焼きや鬼殻焼きなどは、香ばしさも加わり、殻ごとおいしく食べられ殻のキチンを効率よく摂取できます。

　えびは子どもの好きな食材の一つ。さまざまな調理法で楽しませてあげましょう。

くるまえび

こ・ら・む

いかのさばき方

　いかのさばき方は、まず足の付け根をはずし、足とわたをゆっくりと引き抜きます。ちぎれないように注意してください。中骨も同様に抜き取ります。えんぺらをつかんで、足の方に引き、はがします（イラスト①）。その後の皮の切れ目から、皮をむき取ります（イラスト②）。いかは滑りやすいので、指に塩をつけて行なうと良いでしょう。

　炒め過ぎるとかたくなりますので、手早く炒めてください。

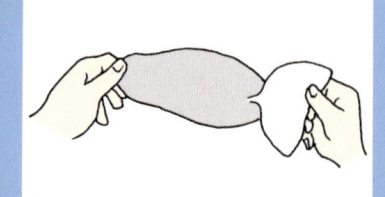

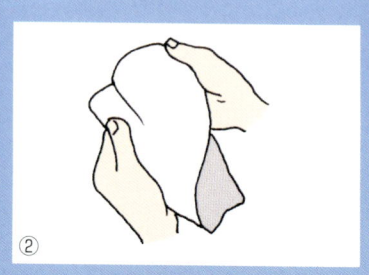

いかとアスパラの炒め物

- 調理時間 10分
- 子ども1人分 92kcal
- 栄養バランス
- 最も効率良く摂取できる栄養素 タンパク質 ビタミンE

■材料（4人分）
いか　1ハイ（250g）
グリーンアスパラガス　250g
油　大さじ1 2/3
コンソメ　1個弱
塩　少々
こしょう　少々
片栗粉　小さじ2 1/2

■作り方
①いかは内臓をとって皮をむき、一口大にそぎ切りにして切れ目を入れる。
②アスパラガスはゆでて斜めに切る。
③フライパンに油をひき、いかを炒める。
④コンソメと水1カップを加え、沸騰したところにアスパラガスを加えあわせ、塩、こしょうで調味する。
⑤最後に水溶き片栗粉を入れ、仕上げる。

いか　低カロリーなのに栄養価が高い、ヘルシーなタンパク源

　いかの仲間は多く、料理に使われる代表的なものにはするめいか、やりいか、ほたるいかなどがあります。いかは低カロリー、低脂肪でヘルシーですが、良質なタンパク質が豊富に含まれます。内臓ごと食べられるほたるいかにはビタミンA、ビタミンB_1、ビタミンB_2、銅などが豊富に含まれます。また、アミノスルフォン酸の一種であるタウリンにはコレステロール低下作用があります。特有の旨味はアミノ酸のグリシン、アラニン、プロリンなどです。

　新鮮なものは刺身や寿司の種に、そのほか天ぷら、つけ焼きなど応用範囲も広い食材です。子どもはあまり好みませんが、いかの内臓を塩漬けした塩からは、酵素の作用によりタンパク質がアミノ酸に分解されるため、特有の旨味があります。

こ・ら・む

かに玉の上手な焼き方

　卵はよくほぐし、材料のかに、ねぎとよく混ぜておくことが大切。焼く時もフライパンや中華鍋を充分熱しておくことがきれいに焼き上げるコツです（ただし、テフロン加工のフライパンは別です）。

　卵液を流したら、手早く卵を半熟状になるまで炒め、それから丸く形を作り弱火にしてふたをし、蒸し焼きにします。表面がやや固まってきたら裏返します。中が半熟状になれば、おいしく焼き上がっています。

かに玉

調理時間	15分
子ども1人分	157kcal

栄養バランス

最も効率良く摂取できる栄養素	亜鉛　銅
比較的効率良く摂取できる栄養素	タンパク質

■ 材料（4人分）

- かに（缶）　150g
- 万能ねぎ　50g
- 塩　少々
- 卵　4個
- 油　大さじ1 2/3
- A　酢　小さじ2 1/2
- 　　砂糖　小さじ2 1/2
- 　　しょうゆ　小さじ2 1/2
- 　　ケチャップ　大さじ1 2/3
- 片栗粉　小さじ2 1/2

■ 作り方

①ねぎは小口に切っておく。かにはほぐしておく。
②割りほぐした卵に①を加え混ぜる。塩を加えて調味する。
③フライパンに油をひき、②を流し入れて、焼き上げる。
④鍋に水1カップとAを加え火にかけ、水溶き片栗粉でとろみをつけ、あんを作る。
⑤③を食べやすく切り分け、盛りつけて④をかける。

かに　タンパク質が多いのに脂質が少なく、ミネラルが豊富なヘルシー素材

　かには種類が多く約1000種もあります。毛がに、ずわいがに、たらばがになどがよく知れています。タンパク質が多いのですが、脂質は少なくヘルシーです。エキス（タウリン、グリシンなどの遊離アミノ酸やベタインなどの含窒素成分）に富んでいるのが特徴です。特有の甘味や旨味はグリシン、アラニン、アルギニンなどの遊離アミノ酸によります。また、かにには亜鉛や銅が豊富に含まれます。亜鉛は成長を促進するほかに味覚機能を正常にし、皮膚障害も防ぎます。また、銅は鉄とともにヘモグロビンの合成に役立ち、貧血を予防します。かにはゆでると赤くなりますが、これはえびと同様に、甲羅や表皮のカロチノイド系色素であるアスタキサンチンが加熱によりアスタシンになるためです。かにの旬は一般には冬。ゆでて二杯酢にしたりサラダで食べるほかに蒸し物、焼き物、鍋物など広く利用されます。かにみそと呼ばれ、珍重されるものは甲羅の裏側の肝臓、すい臓の部分です。

ずわいがに

たこ

子どもに喜ばれるこりこりした食感、よく咬むことは脳の働きを活発にしてくれる

　軟体動物節足類で腕が8本あります。食用とされているものはまだこやいいだこです。まだこは本州以南の岩礁に住み、いいだこは小型で全国の浅瀬に住んでいます。産卵期はたくさんとれ、まだこは春から夏にかけて、いいだこは冬から春にかけてで、この時期が旬です。成分的にはいかとよく似ています。タンパク質は割合多く含まれますが、アミノ酸スコアは71とやや低めで、栄養学的には魚肉に比べ少し劣ります。脂質は少なくヘルシー。弾力性とこりこりしたテクスチャーを楽しみます。このような歯ごたえの由来は解明されていません。しっかり噛んで食べると、歯やあごが強く

たこの竜田揚げ

| 調理時間 | 10分（漬け時間10〜20分を含まない） |
| 子ども1人分 | 99kcal |

栄養バランス

| 最も効率良く摂取できる栄養素 | ビタミンC |

■材料（4人分）

たこ　200g
A　しょうゆ　小さじ3 1/3
　　みりん　小さじ3 1/3
片栗粉　大さじ1 2/3
揚げ油　適宜
パパイヤ　200g

■作り方

① たこは薄切りにしてAに漬け込む。
② 片栗粉をまぶして揚げる。
③ パパイヤを食べやすく切る。
④ 器に②を盛りつけ、パパイヤを添える。

なり、消化が良くなるだけでなく、集中力も高まります。特有の旨味はイノシン酸とベタインによるものです。まだこはおもに寿司だね、酢の物に、いいだこは煮物、揚げ物などに利用されます。煮だこを酢につけた酢だこが加工品としてよく知られています。たこはゆでると赤くなりますが、オンモクロムと呼ばれる色素によるものです。

魚の保存とフリージングのポイント

魚はできるだけ買ってすぐ調理する

　魚は鮮度が大事ですので、買ってきた魚はその日のうちに食べきるのが原則ですが、残してしまった場合はできるだけ低温で保存します。しかし、冷蔵では2～3日くらいしかもたないものが多くあります。長期に渡る場合は、やはり冷凍がお勧めです。ただ、凍結すると魚肉の内部に氷の結晶を作るので、魚の肉質はかなり変化します。解凍する時にドリップが出ないように工夫することが大切です。

魚のフリージング法

　一尾の魚は腹わたをとり出し、ラップに包んで冷凍しましょう。できれば、衣をつけたり、漬け汁に浸すなどの下処理をした方がベストです。また、切り身の魚は一切れづつラップでしっかり包み空気を抜いて冷凍します。乾燥と油の酸化を防止するためです。
　完全に調理した煮魚、フライ、焼き魚、ソテーなどは小分けにしてラップでしっかり包み空気を抜いて、冷凍保存しましょう。

著者紹介

三浦　理代（みうら　まさよ）
女子栄養大学栄養学部卒業。女子栄養大学食品栄養学研究室助手を経て、1995年より、同大学助教授、農学博士、管理栄養士。
おもな著書に、「食事でカルシウムをとる」「体にやさしいおかず」（ともに共著：女子栄養大学出版部）、「食物・栄養科学」（共著：朝倉書店）、「自然科学と人間」（共著：開成出版）、「がんを予防する食品ガイドブック」（共著：素朴社）などがある。

森野　眞由美（もりの　まゆみ）
長崎県佐世保市に生まれる。女子栄養大学卒業後、同大学栄養クリニックにおいて、20年間成人病などの食事指導にあたるほか、同大学にて講師も勤め、1992年6月に退職。現在、株式会社バイワネルの代表取締役として企業の栄養コンサルティングにあたるほか、雑誌・イベント・ビデオの企画や執筆活動、講演会などを行なっている。女子栄養大学および各種財団、専門学校の非常勤講師でもある。
おもな著書に、「決定版やせる食べ方」「1200kcalのバランス献立」（ともに女子栄養大学出版部）、「おいしく食べる『カルシウムたっぷりの食事』」「肥満・成人病を防ぐ『1600kcalの食事』」（ともに永岡書店）、「気になる検査値　食事で治そうシリーズ」（NHK出版）などがある。

編集協力	全国漁業協同組合連合会
写真協力	遠洋水産研究所
	株式会社　江ノ島水族館
	サンシャイン国際水族館
	北里大学水産学部　井田齊
	全国漁業協同組合連合会　中央シーフードセンター
	マルハ株式会社
装丁／デザイン	（有）オフィス・カン／前田　寛
撮　影	石塚　英夫

―賢く丈夫に育てるために―
子どもが喜ぶ手づくり魚料理

2000年5月30日　　　第1刷発行
2003年1月30日　　　第2刷発行
著　者　三浦　理代・森野　眞由美
発行者　三浦　信夫
発行所　株式会社　素朴社
　　　　〒150-0002　東京都渋谷区渋谷1-20-24
　　　　電話　03（3407）9688　　FAX：03（3409）1286
　　　　振替　00150-2-52889
印刷・製本　壮光舎印刷株式会社

Ⓒ 2000 Masayo Miura/Mayumi Morino, Printed in Japan
乱丁・落丁本は、お手数ですが小社宛お送り下さい。送料小社負担にてお取替え致します。
ISBN 4-915513-52-1 C2377
価格はカバーに表示してあります。

心と体の健康のために…

★ 待ち望まれていた女性専用外来
★ 日本でも始まった性差医療（Gender-Specific Medicine）
★ 全国の頼れる女性医師たち

女性のための安心医療ガイド

医学博士 **天野恵子** 監修　　A5版／定価：本体1,400円（税別）

女性医師に診てもらえる女性専用外来や、女性医療に積極的な医療機関、頼りになる女性医師を紹介。
すべての女性におすすめしたい、待望のガイドブック。

＜主な内容＞
第1章　女性医療、性差に基づく医療とは？
第2章　女性の心と体のこと、各科の先生に聞きました
第3章　「女性専用外来」「性差医療」に取り組み始めた医療機関
第4章　全国の頼れる女性医師たち

ドクター・オボの
こころの体操
あなたは自分が好きですか

オボクリニック院長 **於保哲外**

対人関係や社会との関わりは、自分自身をどう見るか、自分をどこまで評価できるかという「自分関係」で決まると著者は語る。「人間を診る」医療を心がけている著者のユニークな理論と療法は、こころと体を元気にしてくれる。

四六判 上製／定価：本体1,500円（税別）

ストレスも不景気も笑い飛ばして生きようやないか!!

笑いが心を癒し、病気を治すということ

関西大学教授／日本笑い学会・会長
井上 宏

免疫力を高め、難病まで治してくれる笑いのパワーは、人間を元気にしてくれると同時に社会の毒素をも吹き払ってくれる。閉塞感漂う現代にこそ笑いが必要だと著者は語る。

四六判／定価：本体1,300円（税別）